KB267647

아이디어맨이여!
강한 특허로
판을 뒤집어라

아이디어맨이여!
강한 특허로
판을 뒤집어라

초판 1쇄 발행 2017년 1월 1일

지 은 이 정경훈
발 행 인 권선복
편집주간 김정웅
디 자 인 김소영
전 자 책 천훈민
마 케 팅 권보송
발 행 처 도서출판 행복에너지
출판등록 제315-2011-000035호
주   소 (157-010) 서울특별시 강서구 화곡로 232
전   화 0505-613-6133
팩   스 0303-0799-1560
홈페이지 www.happybook.or.kr
이 메 일 ksbdata@daum.net

값 15,000원

ISBN 979-11-5602-443-9   (13320)

도서출판 행복에너지는 독자 여러분의 아이디어와 원고 투고를 기다립니다. 책으로 만들기를 원하는 콘텐츠가 있으신 분은 이메일이나 홈페이지를 통해 간단한 기획서와 기획의도, 연락처 등을 보내주십시오. 행복에너지의 문은 언제나 활짝 열려 있습니다.

연구개발자, 1인 창업자 및 기업CEO를 위한 필독서!
아이디어맨에게 날개를 달아드립니다

아이디어맨이여!
강한 특허로
판을 뒤집어라

Strong patents make you strong

정경훈 지음

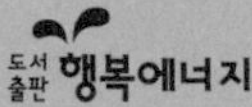

도서출판 행복에너지

프롤로그

지렛대는 유용한 도구이다. 지렛대만 있으면 무거운 물체를 쉽게 들어 올릴 수 있다. 지렛대는 작은 힘을 가진 어린아이라도 큰 힘을 낼 수 있도록 해주기 때문이다. 다만 지구마저도 들어 올리겠다고 말한 아르키메데스의 주장처럼 지렛대가 큰 힘을 내기 위해서는 긴 막대와 지지점이 필요하다.

여기서 '지지점'은 특허제도이고, '긴 막대'는 특허정책이다. 산업혁명 이후로 '지지점'인 특허제도에 대한 필요성을 인식하고 현재 각 나라들은 특허제도를 갖추고 있지만, '막대'의 길이가 각각 다르다. '친親 특허정책'하에서는 '긴 막대'를 가지고 있으므로 지렛대의 이점을 충분히 활용할 수 있지만, '반反 특허정책'하에서는 '짧은 막대'를 가지고 있으므로 지렛대의 이점을 제대로 활용할 수 없게 된다.

친 특허정책하에서 강한 특허를 갖추기만 하면 소기업이라도 대기업을 들었다 놨다 할 수 있다. 그뿐만 아니라 완전히 판을 뒤집을 수도 있다.

현재 정부는 '친 특허정책'으로 방향을 옮겨가고 있고 법원도 이러한 정부의 정책방향과 동조하는 판결을 이어가고 있다. 그럼에도 한국에서 특허는 제대로 보호를 받지 못한다는 인식이 강하다. 아마도 미국에서 특허가 강하게 보호되는 것과 비교되기 때문일 것이다. 한국에서보다 미국에서 특허가 강하게 보호받는 이유는 무엇일까?

하나는 미국 정부가 특허권자에게 유리한 제도의 틀을 만들어 놓았다는 점이고, 다른 하나는 기업 스스로 강한 특허를 설계한다는 점이다. 다만 우리는 미국정부의 정책이 친 특허정책을 추구하기 때문이라고 말하기 이전에 기업 스스로 진행하는 특허의 설계에 대해서 좀 더 많은 관심을 가질 필요가 있다.

실제 국내에서는 자신의 특허가 제대로 보호받지 못했다고 하는 특허무용無用론이 퍼지고 있다. 그러나 필자가 현장에서 지켜본 바로는 대부분의 이러한 문제가 정부의 '친 특허정책' 부족에서 원인을 찾을 수 있기도 하지만, 더욱 심각하게는 잘못된 특허 설계에서 비롯된 것이었다.

특허로 대표되는 기업의 지식재산은 회사의 운명을 좌우한다. 다른 문제들처럼 많이 남느냐 적게 남느냐의 문제가 아니라, 회사가 문을 닫느냐 마느냐의 생명줄을 쥐고 있다. 그럼에도 불구하고 특허를 설계하는 문제에 대해서 기업들은 큰 신경을 쓰지 않는 것 같다. 특허를 설계하는 것은 건물을 짓는 것과 같다. 제대로 설계 및 시공된 건축물은 지진에도 견딜 수 있는 것처럼, 제대로 만들어진 강한 특허는 특허분쟁에서 기업의 사운(社運)을 결정하게 된다. 지식재산의 시대에는 아무 특허가 필요한 것이 아니라 강한 특허가 필요한 것이다. 기업의 각 부분들은 강한 특허와 관련된 전략을 세우는 데 있어서 무엇이 중요한지, 무엇을 챙겨야 하는지 알고 미리 대응해야 한다.

그럼 '제대로 된 특허설계'라는 것은 무엇을 말하는가? 한마디로 경쟁사의 회피에 대해서도 아이디어를 보호받을 수 있도록 '강한 특허'를 만드는 것이다. 특허무용론은 '약한 특허'의 소유권자에 의해서 확산된다. 권리범위확인심판 및 침해소송에서 침해금지 또는 손해배상을 받아내지 못하는 특허는 약한 특허이다. 경쟁사가 쉽게 피해갈 수 있는 특허이다. 이런 특허는 있으나 마나 한 특허이다. 왜 강한 특허가 만들어지지 못하고 대신 약한 특허가 만들어지는가? 왜 특허권자들은 많은 돈을 들여서 고작 약한 특허만을 소유하게 되는가?

이것이 앞으로 우리 기업들이 고민해야 하는 것이다. 대기업의 경우 R&D는 연구원이 하고, 특허 보호는 법무팀의 변리사나 변호사가 해왔다. 일반 중소기업의 경우에는 R&D는 생산부서가 담당하고, 특허는 특허전담팀이 없이 총무과에서 담당하는 것이 일반이었다. 그러나 R&D와 강한 특허가 기업의 생존전략이 되는 지금에는 특허관리부터 완전히 달라져야 한다. CEO는 강한 특허를 통해 생산성을 높이도록 회사를 경영해야 하고, R&D 연구원은 강한 특허를 고려해서 기술을 개발해야 한다. 특허법무팀은 특허출원명세서 초안 작성 때부터 향후 발생할 특허분쟁에 대비해 특허를 설계해야 한다.

특히, 필자는 연구개발단계의 실무자들인 기업연구원에서부터 강한 특허전략이 시작되어야 한다고 굳게 믿는다. 지금까지 연구원들은 학교에서 배운 과학적 지식들을 각 기업의 제품 및 서비스에 잘 적용하는 것이 주요 업무였지만, 시대가 변한 만큼 이제 새로운 연구원 상像이 필요하다. 신기술들을 창조하는 능력과 함께 자신들의 아이디어들이 어떻게 하여야 법적으로 강력하게 보호될 수 있는지 교육받아야 한다.

또한 대학에서 공부하는 이공계 학생들도 제임스 다이슨과 같은 엔지니어 CEO를 바라보며, 강한 특허의 관점에서 기술을 투시할 수 있는 능력을 갖추고 미래를 준비해야 한다. 그런데 현재 우리 대한민국 공학도들이 얼마나 할 일이 많고 배울 것이 많은가? 어렵고 방대한 양의 전공공부는 기본이고, 외국어에 더하여 요즘은 인문학까지도 강조하고 있으니 말이다. 이렇게 배울 것이 많은 공학도들에게 내가 한 가지 더 과제를 부여하는 것에 대단히 미안한 마음이 있다. 그러나 내가 여기서 전달하고자 하는 것은 복잡한 특허법률 지식이 아니라, 강한 특허를 위한 '특허상식' 정도라고 보면 된다. '특허상식'은 창조적인 일을 수행해야 하는 이들에게 짐이 아니라, 도리어 날개를 달아주는 것이 목적이다. 날개가 무겁다고 떼어내서는 결코 하늘을 날 수 없지 않은가?

　물론 세상에는 수많은 특허법 서적들이 있 다. 그러나 특허에 관련된 전문서적의 공통점은 대부분 법률가를 위한 서적이다. 그래서 필자는 아이디어맨들을 위한 특허안내서가 필요하다는 생각을 하게 되었다. 이 책은 전문용어를 가능한 한 배제하고 쉬운 용어를 사용하고자 했다. 복잡한 특허문제들을 간단하게 풀어 기술함으로써 비전문가들이 좀 더 편안하게 특허에 대해서 이해할 수 있도록 한 것이 목적이다.

　이 『아이디어맨이여! 강한 특허로 판을 뒤집어라』는 아이디어맨들을 위한 책이기는 하지만, 경영자 또는 특허담당자들도 쉽게 특허를 이해하는 데 도움이 될 것이다. 만약 이 책으로도 부족한 점을 느끼면 차후에 더 전문적인 서적을 통해서 배울 수 있다. 다만 지금은 이 책에 여러분의 눈과 마음을 고정해 보시라.

contents

왜 강한 특허에 주목해야 하는가?

왜 강한
특허인가?

우리는 높은 생산성을 부르짖으며 야근을 한다. 이는 대표적인 모순이다. 알다시피 생산성이란 적게 일하고 많이 거둔다는 것을 의미하지 않는가. 지금까지 우리 기업들은 고부가 가치제품보다는 품질 대비 저렴한 제품에 포커스를 맞추었기 때문에 더 많이 생산해야 했고 더 많이 팔아야 했다. 자연히 이 시대의 가장들은 밤늦게까지 일해야만 현재 상태를 유지할 수 있었다.

이에 비해 외국기업들의 임직원들은 어떠한가. 통상 오후 4시면 퇴근한다. 거기다가 우리처럼 스트레스를 받으면서 일하는 것 같지도 않다. 그러면서도 외국의 선진 기업들은 높은 생산성을 유지한다. 정말 샘이 나고 약이 오른다. 어떻게 이들은 높은 생산성으로 경쟁력을 유지할 수 있는 것인가. 필자는 그 비결이 강한 특허에 있다고 믿는다.

그동안 우리 기업들이 외국 선진기업들과의 특허분쟁을 통해서 특허의 중요성을 뼈저리게 체감하게 되었고, 특허를 기술 개발과 경영의 핵심전략으로 파악하기 시작하였다는 것은 생산성 향상의 청신호라고 할 수 있다. 그러나 아직까지 강한 특허에 대한 인식이 부족한 상태이며, 강한 특허를 위한 시스템이 갖추어지지 않은 것이 현실이다.

보통 기업들은 특허 보유 건수에만 관심이 있을 뿐, 자신의 특허가 어떻게 재산적, 전략적 의미를 가지게 될 수 있는지에 대해서는 별로 생각하지 않는 것 같다. 특허라고 해서 모두 같은 특허가 아님에도 불구하고 특허를 받는 것 자체에만 목을 맨다.

특허에는 강한 특허가 있고 약한 특허가 있다. 등록되었다고 해서 모두 강한 특허가 아니라는 이야기다. 우리 대한민국은 단일국가로서는 중국, 미국, 일본 다음으로 특허를 많이 출원한다. 그럼에도 강한 특허와 약한 특허에 대한 관심이 정말 적다. 허수아비는 참새를 쫓기 위한 것이다. 그러나 이제 참새들이 허수아비를 두려워하지 않는다고 한다. 허수아비가 자신들을 잡을 수 없다는 것을 알기 때문이다. 이와 같이 약한 특허는 특허 모양을 갖추고 있지만 경쟁자를 따돌릴 수도 없고 로열티를 받을 수도 없는 나쁜 특허이다.

특허는 비용이 매우 많이 소요되는 투자이다. 선진기업들의 강한 특허는 투자한 비용보다 더 많은 돈을 벌어들이는 좋은 특허지만, 후진기업들의 약한 특허는 돈을 벌어들이기는커녕 오히려 기업의 곳간을 축내는 나쁜 특허이다.

최근 연구개발에 대한 깊은 관심으로 국내기업과 대학들의 특허출원이 급증하고 있다. 대기업뿐만 아니라 중소기업들조차도 특허를 비롯한 지적재산권을 확보하기 위해 눈을 부릅뜨기 시작했다. 이제 우리의 산업구조가 제조업 중심에서 R&D 중심으로 변화되고 있음을 말해준다. 그러나 좋은 특허를 기반으로 하는 지식재산권이 뒷받침되지 않는 지식산업사회는 공염불에 불과하게 될 것이다.

이제 변해야 할 때가 왔다. 허수아비와 같은 약한 특허가 아니라, 탱크와 같이 먼 거리에서도 적을 꼼짝 못하게 하는 강한 특허가 되어야 한다. 이를 위해서는 기업들이 특허의 많고 적음이 아니라 강한 특허에 대한 인식을 가져야 한다. 강한 특허는 황새의 긴 다리와 같다. 뱁새는 짧은 다리로 쉬지 않고 쫓아가야만 한다. 강한 특허가 없으면 우리는 낮은 생산성으로 영원히 외국 선진기업들을 쉬지 않고 뒤쫓아 가야 한다. 선진기업일수록 강력한 특허에 관심을 가진다. 그들은 특허 등록 건수만을 이야기하지 않는다. 그들이 원하는 것은 경쟁자를 물리칠 수 있는 강한 특허다. 삼성과 애플은 수천 개의 특허를 가지고 있지만, 실제 특허전쟁에서 싸움에 투입되는 특허는 단지 몇 개에 불과하다.

외국의 기업들은 CEO가 직접 나서서 특허를 챙긴다. 스티브 잡스, 일론 머스크, 제임스 다이슨 등 엔지니어 출신의 CEO들이 얼마나 강한 특허에 대해서 잘 알고 꼼꼼하게 전략을 세우며 준비했는지 알면 온몸에 소름이 돋는다. 이들은 강한 특허가 시장에서의 승부를 가른다고 생각하고 있다. 그럼 우리는 강한 특허를 위하여 무엇을 준비해야 하고, 이를 가로막고 있는 장애는 무엇인가?

특허 트라우마를 극복하라

우리는 각종 언론매체를 통해서 신기술과 이들을 중심으로 전개되는 특허에 관한 소식을 접한다. 어떤 기업들이 특허분쟁에 휘말렸다는 소식이나, 개인 발명가가 특허로 대박을 터트렸다는 흥미로운 소식들이 들려온다. 하지만 특허문제는 속을 이해할 수 없는 블랙박스와 같아서 특허에 대한 소식들은 흥미로운 동시에 알 수 없는 답답함과 불안감을 제공한다. 때문에 우리는 특허제도가 필요한 제도라고 생각하면서도 다른 한편 왠지 모를 불편함을 느낀다.

더욱 이해할 수 없는 것은, 특허분쟁과 관련하여 종종 들려오는 소식 중 대부분은 우리 기업이 외국기업의 특허를 침해해서 특허분쟁에 휘말렸다는 것이다. 왜 항상 우리는 특허 침해자의 입장이 되어야 하는가? 만약 그 반대라면 얼마나 좋은 소식일까 하는 생각을 해본다. 우리 기업이 특허권자의 입장에서 외국기업들에게 특허 침해를 당당하게 주장하는 모습은 상상하는 것만으로도 즐겁다. 사실 항상 당하는 입장에 있다 보니 특허제도가 특별히 우리 기업에게 불리한 것은 아닌가 하는 생각마저 든다.

실제 그러한 면이 없는 것은 아니다. 아무래도 우리 국내시장은 작고 해외 시장에 승부를 걸어야 하는 입장에서, 우리 기업이 해외 시장에서 특허분쟁을 일으키는 것은 쉽지 않은 문제가 있다. 그러나 더 근본적인 문제는 해외시장에서 판을 뒤집을 만한 강한 특허가 없다는 것이다. 외국 선진기업들이 특허제도를 기반으로 하여 창의성과 모험성을 키웠고 이를 통해서 산업발전을 이룩했다면, 우리 기업들은 성실하게 외국 기업들 따라잡기 전략으로 성장해 온 면이 강하기 때문이다.

TV 영상을 통해서 수천 미터 높이의 설산에서 스키를 타고 내려오는 스키어skier들을 본 적이 있지 않은가? 정말 감탄이 절로 나온다. 온 천지가 새하얀 눈으로 뒤덮여 있고 스키어는 빠른 속도로 활강한다. 앞에 어떠한 위험이 숨어 있는지 모르는데 스키어는 이런 위험에 아랑곳하지 않는다는 듯 멋지게 활강한다. 하지만 스키어들처럼 새로운 길을 개척하는 자들은 정말 죽을 각오를 해야 한다. 또 그만큼 남이 누릴 수 없는 혜택을 누리게 된다. 우리는 지금까지 외국 선진기업들이 타고 내려간 길을 따라왔다. 하지만 이젠 1등만 알아주는 세상이다. 뒤따라오는 자를 카피캣copycat이라고 놀린다. 따라하다가 특허소송에 휘말리게 되므로 이 길도 결코 안전하지가 않다. 뿐만 아니라 리스크가 적은 안전한 길을 선택하면 그에 따른 성공도 작다.

물론 우리도 독자적인 기술 개발로 많은 특허를 획득했다. 그러나 우리 대기업조차도 미국 본토에서 미국기업을 상대로 먼저 특허소송을 제기하지 못한다. 아직까지 특허는 그저 상대방의 공격에 대비한 방패로서 관리되고 있는 실정이다. 더 큰 문제는 그 많은 돈을 들인 특허들이 방패 역할도 제대로 하지 못한다는 것이다. 특허 한 건을 위해서도 출원비용, 대리인비용, 특허료 및 관리비용 등 많은 비용이 들어가는데 수천 건씩 관리를 해야 하는 기업 입장에서는 특허가 큰 부담이 될 수밖에 없다.

특허전략이 부재했던 우리 기업들은 항상 좀비에게 쫓기는 듯한 악몽에 시달려야 했다. 1990년대 중반 삼성전자, 현대전자가 겪었던 TI_{Texas Instrument}사와의 D램 반도체 관련 특허소송에 대한 기억이 아직도 생생하지 않은가? 당시엔 특허소송의 결과로 지불해야 했던 손해배상 소식으로 온 국민들이 절망감에 빠졌다. 월드컵 축구 대표팀이 16강에 오르지 못한 것보다 훨씬 더한 충격이었다. 한 번도 경험해보지 못했던 강한 충격으로 인해서 전국이 술렁거렸다. 특허에 대한 알 수 없는 두려움이 전국을 강타하였고 정부는 정부대로, 기업은 기업대로, 국민은 국민대로 모두 특허의 위력 앞에 놀라 벌어진 입이 다물어지지 않았다. 게다가 그것으로 끝이 아니었다. TI사와의 악몽이 채 가기시도 전에 1990년대 말에는 램버스와의 특허소송으로 또 한 번의 홍역을 치렀다.

그리고 우리는 가장 최근 스마트폰과 관련하여 삼성과 애플의 특허소송 사건을 생생하게 지켜보았다. 상대방의 경기장에서 시합을 해야 하는 불리함에 더하여서 특허소송의 예측 불가능성으로 특허에 대한 공포를 다시 한 번 체감하게 되었다. 1조 원이 넘는 특허침해 손해배상액 판결, 그리고 패배할 경우 뒤집어쓰게 되는 카피캣copycat이라는 오명으로 인하여 삼성과 애플의 특허소송은 자존심 싸움으로 번졌다. 과거의 경험이 물론 도움이 되었겠지만 우리 기업은 이번에도 거대한 특허전쟁에서 무기력한 모습을 보였다.

설상가상으로 전 세계에서는 특허괴물Patent Troll이라고 불리는 특허관리회사NPE, non-practice entity들이 우후죽순 생겨났다. NPE들은 주로 발명가나 작은 벤처회사들로부터 특허를 저렴한 가격에 사서 수많은 특허권을 보유하고 있지만 제품을 만들거나 팔지는 않는다. 다만 제조업체나 판매업체에 소송을 제기하여 침해보상을 받거나 소 취하를 대가로 합의금을 얻어내는 것을 주업으로 하는 일종의 법률회사이다. 금융전문가들은 미국 금융위기 이후에 갈 곳을 잃은 자본이 새롭게 투자처를 찾은 곳이 바로 NPE라고 한다.

NPE에 대한 별명인 'patent troll(특허 괴물)'의 'troll'은 다리 밑이나 골짜기에 사는 상상의 괴물로서, 통행하는 행인 앞에 갑자기 나타나 수수께끼를 내는데 행인은 수수께끼를 맞혀야만 그 길을 통과할 수 있다. 결국 특허괴물들은 아무것도 안 하면서 특허를 이용해 제조업체들로부터 통행세를 받아먹고 사는 존재들이라고 할 수 있다. 제조업체 입장에서 볼 때 NPE들은 괴물troll처럼 매우 불편한 존재이고, 어떻게 보면 골목길의 깡패bully나 조직적인 범죄 집단처럼 보인다.

그러나 이들을 그렇게 매도만 할 수는 없는 것이 현실이다. 발명가들이나 영세 벤처기업들 입장에서는 오히려 천사와 같다. 개인 발명가나 벤처기업들은 기발한 아이디어에 대한 특허를 받았지만, 활용할 길이 전혀 없는 상황에서 NPE들이 특허를 제법 고가에 사주기 때문이다. 따라서 누이 좋고 매부 좋은 일로 서로의 이해관계가 맞는다.

그런데 최근 몇 년 전부터 NPE들이 미국 내 IT 제조기업이나, 한국의 IT 제조기업, 기타 소위 잘나가는 다국적 제조업체들을 상대로 로열티를 얻어내기 위한 소송을 벌이고 있고, 이제는 국내 중소기업들도 이들의 먹잇감이 되어가고 있다. 제조업체는 엄청난 소송비용을 감당하느니 차라리 소 취하를 조건으로 이들에게 거액의 합의금을 주는 것으로 마무리를 짓는다. NPE 입장에서는 짭짤한 장사다. 상황이 이렇다보니 NPE들의 특허에 대한 사랑은 계속된다.

그럼 NPE들은 어떤 특허에 관심을 가질까? 그들은 아무 특허나 사들이는 것이 아니라 돈이 되는 특허만을 사들인다. 그들은 돈 되는 특허를 알아보는 눈을 가지고 있다. NPE들이 매입하는 특허는 제조업체가 피해갈 수 없는 필수기술에 대한 것이면서, 무효의 가능성이 적은 특허로서 한마디로 강한 특허이다.

국내 중소기업들은 국내외 경쟁업체들과의 특허소송만으로도 버거운데, 이제 특허괴물들과의 특허싸움도 해야 하니 여간 부담스러운 것이 아니다. 그러니 특허가 혁신을 도모하는 것이 아니라 혁신을 방해한다는 말이 나올 법하다. 전 세계의 제조업체들은 특허괴물들이 요구하는 특허로열티를 지불하든지 벌려온 사업을 접든지 해야 하는 위기에 직면해 있다. 상황이 이러하니 국내기업들은 특허 트라우마 속에서 시달리고 있다고 해도 과언이 아니다.

이러한 골치 아픈 문제가 왜 생기는 것인가? 이는 특허제도에 대한 바른 이해와 특허전략이 부족하기 때문이다. 또한 특허가 특허로서 제대로 활용되지 못하고 있기 때문이다. 기업경영자뿐만 아니라, 연구원들 그리고 일반 개인들에게 특허에 대한 제대로 된 이해가 반드시 필요하다. 강한 특허와 약한 특허를 구별할 줄 알고, 그중에서 강한 특허만을 선별하여 관리할 수 있는 역량을 보유해야 한다.

뾰족한 해결방법을 찾지 못하고 있는 기업들은 특허문제로 골머리를 앓고 있으니, 특허라는 소리만 들어도 트라우마가 생길 것이다. 그래서 이 책이 특허 트라우마를 겪고 있는 기업과 강한 특허로 쭉쭉 뻗어나가고자 하는 기업들을 돕는 안내서가 될 수 있으면 좋겠다. 이제부터 슬슬 알다가도 모를 도깨비 같은 특허의 정체에 대해서 살펴보자.

동기부여의 기술,
특허

하나의 국가나 민족은 이기심 때문에 망하기도 하지만, 이기심 때문에 지속적으로 발전을 거듭해 왔다. 이기적인 동기가 경쟁으로 작용하고 이를 통해서 사회가 발전한다고 보는 시각이 우세하다. 여기서는 기술의 발전에 대해서 주로 생각해 보고자 한다.

기술혁신이 언제부터 이루어졌는지 정확한 연대는 알 수 없지만, 과학기술사史에서는 대략 기원전 4~5천 년경 전으로 본다. 이집트인들은 기원전 4236년에 이미 1년을 12달, 365일로 나눈 달력을 사용하였다고 한다. 과연 우리가 달력이 없는 상태에서 해와 달 그리고 별들을 관찰해서 정확하게 1년이 12달과 365일로 이루어져 있다는 것을 발견해 낼 수 있을까? 과연 현대인이라도 크레인이나 불도저 없이 거대한 피라미드를 쌓아올릴 수 있을까? 통나

무를 이용하거나 지렛대 등 단순한 수단만으로는 수십만의 인력을 준다고 해도 수 톤에 달하는 돌들을 수십 미터의 높이로 쌓아올릴 수 있다고 장담할 수 없다.

이렇듯 고대 수메르인이나 이집트인, 인도인, 중국인들이 당시 활용하였던 과학적 지식과 물건들을 보면 우리가 결코 그들보다 더 창의적이라고 장담할 수 없음을 알게 된다. 다만 우리는 그들에 비하여 더 많은 축적된 지식에 좀 더 쉽게 접근할 수 있을 뿐이다. 그만큼 축적된 지식은 놀라운 힘을 발휘한다.

그럼 고대문명 사회에서 누가 이러한 위대한 일들을 해냈단 말인가? 나는 당시에도 이를 가능하게 한 창의적인 혁신가가 존재했다고 믿는다. 또한 그들의 지혜가 우리의 지혜를 능가했다고 믿는다. 그러나 그들이 누구인지 알 수 없고 그 혁신적인 기술이 무엇인지 알 길도 없다. 왜냐면 역사적인 기록에는 왕의 이름만이 기록되어 있을 뿐이고, 그 혁신적인 인물에 대해서는 기록이 없기 때문이다.

그렇다면 무엇이 이러한 혁신을 가능하게 하는가? 바로 왕의 절대권력이다. 왕은 위대한 혁신과 업적을 통해서 백성들로부터 신과 같은 존재, 경우에 따라서는 신 자체로 높임을 받았다. 왕은 절대권력을 이용하여 모든 사람의 생사를 결정하였다. 왕은 혁신가들을 등용하고, 그 혁신가들이 이룬 공을 통해서 더 높은 수준의 존경을 받을 수 있었다. 그렇기 때문에 왕들은 혁신가들을 수하에 두고 왕과 가까이할 수 있는 은혜를 베풀었을 것이다. 그러나 여전히 피라미드 건설을 가능하게 한 놀라운 지혜자가 누구인지, 그 지혜가 어떠한 것이었는지는 도무지 알 길이 없다.

고대 이집트 문명을 지나 고대 그리스 시대에는 조금 다른 양상을 띠게 된다. 이제부터는 왕들의 이름뿐만 아니라, 지혜자이며 철학자이면서 또한 혁신가라고 할 수 있는 이들의 이름이 눈에 띄게 나타난다.

"지구보다 큰 지렛대와 이를 받칠 수 있는 지지점만 있으면 지구를 들어 보이겠다."

시칠리아 지역 시라쿠사의 히에론 왕 앞에서 호언장담한 아르키메데스의 명언이다. 그는 기원전 287년 그리스의 도시 국가인 시칠리아의 시라쿠사에서 태어났다. 수학자이면서 물리학자이고, 또한 최초의 알려진 공학자였다. 지렛대, 도르래의 원리를 수학적으로 증명했고 직접 나선형 펌프를 고안했다고도 전해진다. 창의적인 지혜를 발휘하여 태양광 거울로 로마의 함선을 태워버리기도 하고, 지렛대와 갈고리를 이용하여 적의 함선을 침몰시키기도 하였다고 한다. 당시 천하무적 로마 군대가 아르키메데스 한 사람으로 인해서 쩔쩔매고 있었던 것이다. 혁신가 아르키메데스 한 사람은 수만 명의 군사보다 더 강력하였다.

당신이 시라쿠사의 왕이라면 이런 아르키메데스를 어떻게 대우하겠는가? 히에론 왕은 이집트의 파라오와 같이 아르키메데스를 종처럼 부리거나 그를 이용하여 절대권력을 키우지 않았다. 대신 지혜를 사랑한 아르키메데스의 자발적인 동기를 존중했다. 아르키메데스는 이런 왕을 좋아했고, 왕과 국가를 위해서 자발적인 충성을 하였다. 히에론 왕은 아르키메데스를 칭송하며 그를 높였고 그에게 모든 자유를 부여하였다. 그 덕에 아르키메데스는 지속적으로 연구하며 왕과 국가를 위해 기여할 수 있었다.

우리가 잘 알고 있듯이 히에론 왕은 자신의 왕관이 순금인지 알 수 없어 고민하다가 아르키메데스에게 고민을 털어놓았다. 아르키메데스는 왕의 고민을 자신의 고민처럼 여기며 그 문제를 풀기 위해 몰입하였다. 얼마나 깊이 몰입상태에 있었던지 목욕을 하다가 비중의 원리를 깨닫고, "유레카!"를 외치며 옷도 걸치지 않은 채 온 동네를 뛰어다녔다고 한다. 얼마나 기뻤으면 옷도 안 입고 뛰어다닐 수 있을까?

아르키메데스는 자신의 목숨을 지키기 위해서 연구한 것이 아니라 지혜를 사랑하였고 사랑하는 왕과 조국을 위해서 연구하였다. 바로 혁신의 동기가 지식에 대한 사랑, 왕과 조국에 대한 사랑이었다. 그 역시 플라톤, 소크라테스, 아리스토텔레스 등 걸출한 철학자들처럼 명예와 존경을 한 몸에 받았다. 오죽했으면 적군인 로마의 지휘관 마르켈루스조차도 병사들에게 아르키메데스만큼은 해치지 말라고 했을까. 이처럼 고대 그리스의 위대한 학자들은 그 이름의 영향력이 매우 컸다. 그들의 혁신은 단순히 절대왕정을 지지하는 수단으로서가 아니라, 위대한 철학자, 수학자, 전략가 개인으로서 왕과 백성들에게 받는 인정과 칭송, 그리고 지혜를 즐기는 자세로부터 비롯된 것이었다. 이처럼 가장 순수한 혁신의 동기는 지혜에 대한 사랑을 통해서 세상을 이롭게 하는 것이다. 하지만 지혜에 대한 사랑만으로 만족할 수 있는 혁신가들이 그리 많지 않다는 것이 문제다.

드디어 인간의 이기심에 기초한 새로운 혁신의 동기에 대해서 관심을 가지게 되면서 유사특허제도가 탄생하게 된다. 유사특허제도가 처음 탄생한 곳은 1474년 스페인 베니스였다. 이곳은 유리가 공업 분야의 새로운 기술에 대해서 10년간 독점권을 부여하였다. 이러한 독점적인 제도로 인해서 창의적이고 우수한 유리장인들이 스페인으로 몰려들었고, 스페인은 1500년대에 최고의 번성시대를 누리게 된다. 이러한 특허제도의 이점을 지켜본 영국은 외국의 장인들을 불러 모아 산업을 발달시키고 경제를 강화할 목적으로 특허제도에 관심을 가지게 되었다. 하지만 엘리자베스 1세와 제임스 1세가 특허제도를 이용하여 생필품 사업자에게 독점권을 부여함에 따라서 생필품 가격의 폭등을 불러일으키기도 했다. 새로운 기술에 대한 것이 아닌 독점 판매권 제도는 산업발달의 동기를 전혀 부여하지 못하고 오히려 부패의 도구가 되었던 것이다.

영국은 이러한 문제점을 해결하기 위해 1624년 독점조례Statute of Monopolies를 제정하고, 이에 따라 새로운 발명에 의한 것을 제외한 모든 독점권을 취소하였다. 이 조례의 제정은 영국경제가 봉건사회에서 자본주의 사회로 전환되는 시기를 앞당기는 불씨가 되었다고 평가된다. 이후 많은 인재들이 영국으로 몰려들게 되면서 영국의 산업은 성장기를 맞이하게 되었고, 결국 산업혁명을 이끌어내게 되었다.

스페인과 영국에서 특허제도의 정착기와 산업의 번성기가 일치하는 것은 우연한 현상일까? 아니면 특허제도가 국가산업 발전에 동기를 부여하고 경제를 활성화시키는 매우 훌륭한 시스템이라는 것을 증명하는 것일까?

뒤집기 한 판의
원조

"독창적 천재성의 힘을 발휘하여 증기기관을 개선해 조국
의 자산을 확장시키고 인간의 힘을 향상시켰으며, 가장 영
광스러운 과학의 꽃들 가운데에서도 탁월한 위치에 올랐
다. 그는 세상을 진정으로 이롭게 했다."

런던의 세인트폴 성당에 있는 제임스 와트 상像 옆에 걸린 기념
비 문구의 일부다. 영국 국민들이 증기기관의 개발자 제임스 와트
를 현대문명의 개척자로 깊이 존경한다는 사실을 알 수 있다. 제임
스 와트로 인해서 영국이 세계 최초로 산업혁명을 주도하며 해가
지지 않는 나라로서 기틀을 다지는 발판을 마련했기 때문이다. 그
는 당시에 한마디로 스티브 잡스 같은 인물이었다. 스티브 잡스가

스마트폰 모바일혁명으로 21세기 개인의 삶을 완전히 바꾸어 놓았다면, 제임스 와트는 효율적인 동력혁명을 통해서 당시 개인들의 삶과 사회시스템을 완전히 뒤집어 놓았다. 사실 이는 제임스 와트 자신조차도 예측하지 못한 것이었다.

그러나 당시 영국에 특허제도가 없었다면 제임스 와트의 뒤집기 기술은 통하지 않았을 것이다. 매우 흥미로운 것은 영국의 산업혁명이 대단한 업적에서 시작된 것이 아니라, 그의 작은 특허기술에서부터 시작되었다는 것이다. 엄밀하게 말하면 스티브 잡스가 최초 스마트폰의 개발자는 아니듯이, 제임스 와트도 최초의 증기기관 개발자가 아니었다. 1736년 제임스 와트가 태어났지만 그보다 훨씬 전인 1601년부터 증기기관이 연구되고 개발되었다. 따라서 그가 주전자 뚜껑이 끓는 물에 의해서 덜컹거리는 것을 보고 증기기관을 착안하게 되었다는 식의 이야기는 엄밀히 말해서 얼토당토 않은 것이다.

제임스 와트가 기계를 수리하는 일을 하던 당시엔 뉴커먼의 증기기관이 대세를 이루고 있었다. 뉴커먼의 증기기관은 제임스 와트가 개선하기 전까지 약 60년간이나 사용된 당시로선 아주 혁신적인 것이었다. 제임스 와트는 우연한 기회에 고장 난 뉴커먼 증기기관을 수리할 일이 있었는데, 이것이 에너지 측면에서 매우 비효율적이라는 것을 발견했다. 그래서 그는 이를 개선하여 '증기기관에서 연료 절감을 위한 새로운 방법, New method of lessening steam and fuel in fire engine(1769년, 특허번호 #913)'이라는 제목과 그에 대한 기술적 설명을 덧붙여서 특허를 받았다. 제임스 와트의 특허는 1624년 영국에 특허제도가 생긴 이래 913번째였던 것이다. 145년 동안 단지 913건의 특허가 발행될 만큼 기술 개발 속도도 느렸고 특허출원에 대한 관심도 많지 않았음을 짐작할 수 있다.

당시 증기기관은 피스톤의 왕복운동을 가능하게 하는 것이 주요 기능이었다. 뉴커먼은 보일러로부터 공급된 고온고압의 수증기를 피스톤의 실린더에 공급하여 피스톤을 밀어 상승시킨 다음, 가열된 실린더에 물을 분사함으로써 실린더 내부의 과열된 팽창공기를 급랭시켜 실린더 내부압력을 대기압 이하로 떨어뜨림으로써 피스톤을 하강시켰다. 이처럼 피스톤의 상하운동을 시키기 위해서 실린더 내부의 가열과 냉각이 반복되다 보니 열효율이 좋지 않을 수밖에 없었다. 제임스 와트는 이러한 문제점에 주목하였다. 60년 동안 아무도 주목하지 못한 점을 문제점으로 인식한 것이다.

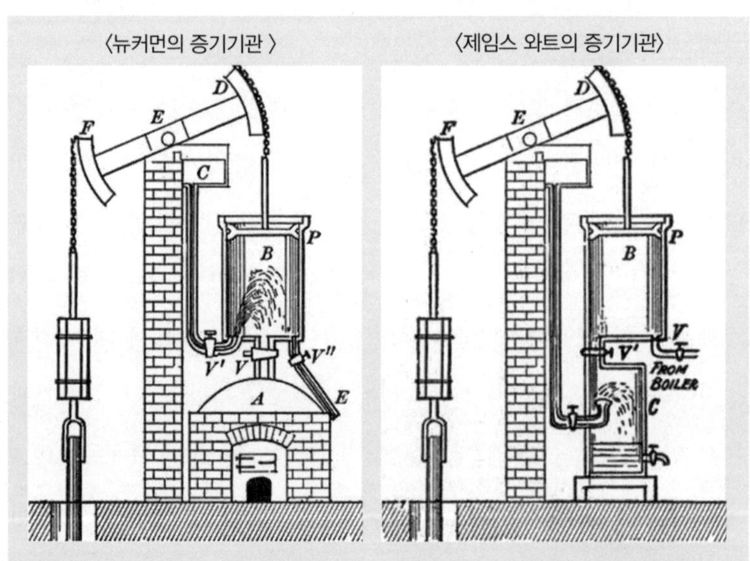

위키피디아 참고

　제임스 와트는 실린더 내부에서 고온의 증기를 냉각하는 대신 별도의 탱크('응축기'라고 부른다)를 마련하고, 피스톤을 밀어올린 실린더 내부의 고온고압의 증기를 응축기로 보낸 후에 그곳에서 냉각시킴으로써 실린더를 직접 냉각시키지 않으면서 동일한 작용을 얻을 수 있게 하여 열효율이 좋은 증기기관을 탄생시킨 것이다. 물론 이러한 증기기관은 현재 전혀 쓰이지 않는다. 그럼에도 불구하고 뉴커먼의 증기기관을 개선한 제임스 와트의 아이디어는 당시 동력원으로 증기를 사용하는 것에 대한 부정적인 생각을 완전히 날려버렸다.

　이러한 제임스 와트의 특허는 증기기관 자체의 발명도 아니며, 증기기관차를 발명한 것은 더더욱 아니다. 그가 한 것이라고는 실린더 외부에 별도의 응축기를 달고 에너지효율을 높여 특허를 받은 것이다. 제임스 와트가 개발하여 효율이 높아진 증기기관은 증기가 산업에 이용될 수 있는 가능성을 활짝 열어놓았다는 것에 의의가 있었다. 그는 오리지널 증기기관보다 경제성이 좋은 증기기관을 만들어서 증기기관 시장의 판도를 완전히 뒤엎었다. 제임스 와트의 증기기관이야말로 기존의 판을 뒤집는 특허였다.

　당시로서는 이 기술을 선택하지 않으면 바보였다. 만약 그의 뒤집기 기술이 제도적인 보호를 받을 수 없었다면 어떠한 결과가 나왔을까? 당시 자본가들의 모방품들로 인해서 제임스 와트는 남 좋은 일만 하게 되었을 가능성이 크다. 당시 제임스 와트는 가난한 엔지니어였기 때문에 당시 대기업에 해당하는 자본가들과 경쟁할 수 없었다. 그래서 그는 특허소송에 지나칠 정도로 집착했으며, 다행히도 영국 의회는 제임스 와트의 특허를 강력하게 보호해주었다. 영국 의회는 14년의 특허권에 더하여서 17년의 특허권을 연장하는 것을 승인하여 총 31년 동안 제임스 와트에게 독점권을 주었다. 그의 특허권은 그의 경쟁자들이 의회에 탄원서를 제출할 정도로 대단한 것이었다. 이러한 영국의회의 지지에 힘입어 제임스 와트는 증기기관 기술의 판을 뒤집었을 뿐만 아니라, 영국은 대박을 꿈꾸는 세계 최고 기술자들의 경연장이 되면서 당대 가장 앞서가는 나라로 탈바꿈할 수 있었던 것이다.

효율성이 개선된 증기기관이 모든 분야에서 사용될 수 있다는 인식하에서 모든 발명자들이 증기기관을 이용하여 모든 산업을 재구성하기 시작하였다. 제임스 와트의 증기기관은 새뮤얼 크럼프턴이 발명한 방적기에 적용되면서 크게 위력을 발휘했고, 또한 광물을 운반하는 철도 운송에도 적용되었다. 제임스 와트의 발명은 산업혁명을 일으킨 거대한 스파크로서 일종의 에너지 혁명이었다. 영국의 특허제도가 영국을 해가 지지 않는 나라로 만들었다고 해도 과언이 아니다.

특허로
재건을 꿈꾸는 미국

제임스 와트의 특허 발명을 불씨로 하여 1700년대 후반부터 영국의 신기술들이 제조업을 근본적으로 바꾸어놓는 제조업 혁신을 이루자, 세계열강들은 특허제도에 깊은 관심을 가지게 되는데, 미국도 예외는 아니었다.

미국은 1776년 독립선언서를 채택하고, 1789년 미연방 체제로 정부를 수립하였는데 초대 대통령 조지 워싱턴은 1790년 곧바로 미국의 특허법을 제정하였다. 이러한 일련의 사건들이 일어난 시기는 제임스 와트의 특허보호기간(1769~1800)에 해당한다. 영국에서 특허제도의 유용성에 대해서 깊이 관찰한 미국 건국의 아버지들은 정부수립과 함께 곧바로 특허법을 제정한 것이다. 미국의 제1호 특허는 사무엘 홉킨스의 '포타쉬'라고 하는 비료를 만드는 방법이었다. 1800년대 반세기 동안 미국의 발전이 시작되었는데 1840년 이후부터 미국 산업혁명의 불이 당겨졌다. 로버트 플루턴이 후버 강에 증기선을 띄웠고, 사무엘 모스가 전신을 발명하였으며, 엘리아스 호웨가 혁신적인 재봉틀을 발명하였다.

제16대 대통령이면서 이전에는 직접 발명을 하기도 했던 에이브러햄 링컨 대통령(재임기간 1861~1865)은 "특허제도는 천재라는 불에 유익이라는 기름을 붓는 것이다."라는 신조를 가지고 특허권을 강화하는 '친 특허정책Pro-patent'을 강력하게 펼친 것으로 유명하다. 결과적으로 1800년대 후반에 미국은 대륙 횡단철도를 건설하고 공장에서 철강을 대량으로 생산해 냄에 따라서 미국 내에서 생산과 수송이 유기적으로 발전할 수 있었다.

실제적으로 미국은 특허제도와 더불어 세계의 기술혁신을 주도하며 세계경제공황(1929년)이 발생하기 전까지 전신, 전력, 자동차와 항공 산업에 이르기까지 전 산업분야에 걸쳐 발명의 전성시대를 이끌었고 미국 산업은 큰 호황을 맞이하였다. 이 시기에 에디슨, 벨, 라이트 형제 등과 같은 걸출한 혁신가들을 배출하였고 이들도 모두 독점적 지위를 행사하기 위해 특허소송에 매진했다고 하는 것은 흥미로운 사실이다. 특히 19세기 후반의 자본가들은 에디슨의 전신특허권을 확보하기 위하여 총력을 벌였다. 이는 특허권이 큰돈이 된다는 정확한 인식에 기초한 것이었다. 이러한 분위기 가운데, 미국은 특허제도를 발판으로 빠른 시간에 유럽과 대등한 경쟁을 할 수 있는 근간을 마련하게 되었다.

그러나 미국은 1929년 10월 전 세계를 강타한 경제대공황과 함께 위기를 맞게 되었다. 미국 제32대 대통령이었던 루즈벨트 대통령은 이러한 경제공황을 타개하기 위해서 뉴딜정책의 하나로 자유로운 경쟁을 저해하는 행위에 대한 강력한 반독점 정책을 추진하였다. 이때 특허제도가 뭇매를 맞게 되는데, 혁신의 유익보다 이로 인한 독과점의 폐해가 더 크다는 생각이 미국 법무부와 법원의 주류를 형성하게 되었다. 반독점금지법이 힘을 얻고 특허권자의 패소율이 높아졌다. 미국기업들의 특허전략은 소극적으로 변하였고 방어적인 차원에서 이루질 뿐이었다. 이러한 경향은 1970년대 말까지 지속되었다.

그러는 사이 1970년대의 석유파동과 함께 미국 기업들이 일본, 유럽 기업에 비해 경쟁력을 상실하였고 미국경제는 또다시 위기에 직면하게 되었다. 일본 기업들은 저렴하고 질 좋은 제품을 앞세워 미국시장을 장악하기에 이르렀다. 이러한 배경하에 1980년대에 들어서 다시 특허를 중시하는 시대조류가 힘을 받기 시작했다.

미국은 특허법 개정을 통해서 1982년 특허전문법원으로서 2심에 해당하는 연방순회항소법원CAFC을 설립하는 등 '친 특허정책'을 다시 추진하였다. 이러한 조류의 변화는 미국 기업을 지켜내기 위한 고육지책이었던 것이다. 이러한 정책을 반영하듯이 CAFC는 지방법원의 판결을 뒤집고 특허권자에게 유리한 판결을 쏟아내기 시작했다. 한 예로서, 우리가 잘 아는 1986년 '폴라로이드 VS 코닥'의 즉석사진기 특허소송이 있다. 이 사건은 특허권자인 폴라로이드의 완승으로 매듭지어지면서 코닥에게 치명타를 입힌 세기의 사건으로 기록되고 있다. 이로 인해 미국 내에서 다시 기술개발에 대한 경쟁 분위기가 조성되었고, 미국 대형 소프트웨어 및 IT 기업들이 20세기 후반부터 치고 올라옴에 따라 미국은 새로운 경제부흥을 맞이하였다. 미국은 이러한 분위기를 한껏 고조시키고 세계 제1의 강대국으로서 입지를 굳건히 하고자 강력한 특허정책을 계속적으로 추진해 나가고 있다.

잘 아는 바와 같이 미국은 우리나라와 달리 전적으로 의회가 법 개정을 주도한다. 미국 의회는 자국의 산업경쟁력을 높이기 위해서 특허법을 대대적으로 개정하였고, 2011년 9월 16일 오바마 미 대통령은 미국 최고의 토머스 제퍼슨 과학기술고등학교에서 개정특허법America Invents Act(미국 발명법)에 사인하였다. 오바마 대통령은 고등학생들이 만든 인공위성, 뇌파로 움직이는 휠체어, 해양오염도 검출기 등 다양한 발명들에 놀라워하였고, 학생들의 이와 같은 혁신적인 제품들이 미국에 일자리를 만들어 내고 미국의 경쟁력을 높인다며 격려와 칭찬을 아끼지 않았다.

과학자이면서 미국 제3대 대통령을 지낸 토머스 제퍼슨, 그의 이름을 딴 미국 최고의 과학기술고등학교에서 학생들이 지켜보는 가운데 오바마 대통령이 여당 의원 및 야당 의원들과 함께 개정특허법 사인행사를 진행한 것은 세 가지 의미를 가지고 있다. 첫째는 미국 대통령이 자국의 미래는 과학기술자들의 손에 달려 있다는 확신을 이들 꿈나무들을 포함한 국민들에게 선포한 것이고, 둘째는 앞으로도 변함없이 의회가 초당적으로 과학기술자들의 창의적인 활동을 지원해 나가겠다는 의지를 보여준 것이며, 셋째는 미국을 미래에도 세계 유일의 강대국으로 남게 할 원리가 이 특허법에 담겨 있다고 하는 신념을 보여준 것이라고 할 수 있다. 이러한 신념은 국민의 표를 얻기 위한 정치적인 쇼가 아니고, 그들이 역사를 통해 체득한 실제적인 믿음에서 나온 것이었다. 특허가 강화되었을 때와 특허가 약화되었을 때 어떠한 일이 벌어졌는지 체험적으로 알았기 때문이다.

미국이 특허제도에
집착하는 이유

　우리는 기업의 경쟁력이 저하되면 다양한 방법으로 기업들에게
자금을 지원해준다. 각종 중소기업 자금지원을 통해서 기업들의
자금흐름에 숨통을 트게 해준다는 점에서 전혀 의미가 없진 않다.
하지만 그럼에도 불구하고 더 중요하게 생각해야 할 것은 기업들
의 경쟁력을 높일 수 있는 생태계를 만드는 것이어야 한다. 미국은
직접적으로 기업들에게 돈을 주지 않고 창조적인 활동이 가능하도
록 여건을 만들어준다. 특허법도 과학기술계의 창의적인 활동을
가능케 하는 생태계Eco-system 중 하나이다. 아무리 작은 기업, 심
지어는 개인이라고 하더라도 혁신적인 기술이나 아이디어만 있다
면 판 뒤집기를 할 수 있도록 제도적인 장치를 만들어주는 것이다.
　스티브 잡스가 가장 중점을 둔 사업 중 하나가 바로 앱스토어이

다. 애플사는 앱 등록기준을 만들어서 좋은 앱만이 등록되도록 하였다. 그가 만든 것은 앱 생태계였다. 앱 개발자들과 앱 소비자들 사이에 자연스럽게 좋은 앱이 거래되도록 함으로써 지속 가능한 아이디어 개발이 가능하게 된 것이다.

특허제도 역시 특허등록기준을 만들어 놓고 세상에 기여할 신기술에 대해서만 등록되도록 하고, 신기술 개발과 특허기술의 소비가 선순환적으로 이루어지도록 하는 생태계이다. 정부가 나서서 기업에 어떤 기술을 개발해야 하는지 알려줄 필요가 없다. 우리 정부가 무슨 기술을 개발해야 하는지 기업들에게 알려주고 기술개발 자금을 지원하는 것과 사뭇 다르다. 미국에서는 기술 개발조차도 수요와 공급의 원칙에 따라서 자연적으로 이루어지기 때문이다. 결국 앱스토어와 특허제도는 아이디어의 창조와 소비를 촉진하는 하나의 거대한 선순환 시스템이라는 점에서 동일하다.

2011년 오바마 대통령이 서명한 미국특허법AIA, America Invents Act은 지난 60년 동안 최대 규모의 특허법 개정이었다. 특허법 개정 전 세계 각국의 IT다국적 기업들은 미국 정부가 특허괴물NPE 들의 폐단을 방지해야 한다고 꾸준하게 요구하여 왔다. 그러나 막상 뚜껑을 열어 본 개정 미국특허법에는 특허권을 약화시킬 만한 요소는 거의 없었고 특히나 특허괴물들의 활동을 직접적으로 제한할 만한 요소도 포함되지 않았다. 이는 특허관리회사를 바라보는 미국 정부의 시각이 IT공룡기업과는 사뭇 다르기 때문이었다.

2011년 9월 당시 미국 특허상표청 부청장으로서 공석인 청장을 대행하던 테레사 스태넥 레아Teresa Stanek Rea가 한국 특허청에 방문했을 때 미국 개정특허법에 대해서 강의를 한 적이 있었다. 강의를 마치자 청중 중에서 한 심사관이 특허괴물에 대한 미국의 대책이 무엇인지에 대해서 질문하였다. 테레사 레아 부청장은 그 질문이 달갑지 않은 듯한 표정을 지었다. 그녀는 NPE들이 결코 부정적인 괴물들이 아니며 이들은 개인 발명들이 빛을 발할 수 있도록 하는 순기능을 하고 있다고 말했다. IT 제조업체들은 NPE에 대해서 괴물이라고 부르며 매우 성가신 존재로 여기지만, 미국 정부 입장에서 볼 때 NPE는 발명가들에게 꿈과 희망을 주는 엔젤투자자인 셈이다. 미국정부는 그것이 미국의 기술혁신을 가능하게 한다고 보는 것이다. 그렇기 때문에 미국 정부로서는 특허괴물의 폐단에 대해서 알고 있고 이들로 인한 문제점을 개선할 필요성에 대해서도 깊이 인식하고 있지만, 이들의 순기능으로 인해서 쉽게 건드리지 못하고 있다. 소수의 자본가보다는 더 많은 수의 개인발명가들 입장에 서는 것이 기술경쟁을 주도하는 핵심이라는 인식이 바탕에 깔려있는 것이다.

물론 NPE가 긍정적인 면만 있는 것이 아니라, 제조업체에 심각한 위해를 가하는 것이 명백한 이상, 미국정부 입장에서는 NPE에 대한 특별한 대책이 필요하였다. 미국정부는 NPE에 대해 직접적으로 제재하는 방법이 아니라, 별 볼 일 없는 발명이 특허가 되어 NPE에 의해서 시장을 교란시키는 수단으로 활용되지 않도록 하는 데 중점을 두었다. 미국 개정특허법의 주요 개정내용은 사실 특이한 것이라고 할 수 없고, 특허가 되지 않는 게 당연한 기술들이 등록되는 것을 줄이기 위한 절차들을 강화한 것이다.

미국도 다른 나라들과 마찬가지로 특허 무효율이 상당히 높다. 어느 제조업체든 특허침해자라는 의심을 받게 되는 순간, 특허권자의 특허가 무효라는 것을 입증하는 데 주력하게 되는데, 이는 가장 유효하고 손쉬운 방어방법이기 때문이다. 삼성과 애플의 스마트폰 특허소송에서 애플 측이 공격수단으로 제시한 대부분의 특허가 삼성의 반격으로 무효화되었다. 그만큼 특허의 등록무효율이 높다. 이러한 현실을 감안하여 미국 정부는 출원된 발명이 쉽게 등록되지 못하도록 하고, 일단 등록된 특허라도 전보다 쉽게 합리적인 근거에 의해서 무효화될 수 있도록 한 것이다.

하지만 이와 같은 특허법 개정에도 불구하고 현재로서도 미국의 특허제도가 어떻게 흘러갈지 그 방향만큼은 정확하게 예측할 수 있다. 미국 지도자들은 미국의 중흥이 발명가들의 창조활동에 의해서 활성화되고 유지된다고 하는 확고한 믿음이 있다는 것이다. 또한 일반 미국인들조차도 혁신가들에 대해서는 반드시 보상이 있어야 하고, 함부로 베끼는 행위에 대해서는 어느 누구라도 엄하게 처벌해야 한다는 도덕적 신념이 있다. 이것이 미국의 가치라고 여긴다. 이 정도면 감 잡았으리라 생각한다. 미국은 결코 다시 반독점금지법 강화, 특허법 약화로 돌아가지 않을 것이다. 오히려 특허권 보호를 통해서 세계 제1의 기술대국으로 군림하고자 특허생태계 환경을 강화해 나갈 것이다.

앞에서 살펴보았듯이 특허제도는 과거 영국과 미국이 초강대국으로서의 지위를 마련하는 기초적 토양이 되었다. 앞의 사례들을 통해서 특허제도는 단순히 한 사람에게 독점권을 부여하여 부자되게 하는 제도라는 차원을 넘어서 한 나라를 부국으로 만드는 놀라운 능력이 있음을 알 수 있다. 그렇기 때문에 각국이 특허제도를 도입하고 효율적으로 운영하는 데 역량을 집중하고 있는 것이다. 결국 우리도 이러한 세계적인 추세에 맞추어 특허시스템을 이해하고 특허공격에 대한 방어태세를 갖출 뿐만 아니라 특허를 이용하여 선제공격할 수 있는 대응전략을 마련해야 한다.

제임스 다이슨,
특허를 아는 엔지니어 CEO

이러한 시대적 변화의 소용돌이 속에서 엔지니어 CEO의 역할이 가장 중요하는 것은 두말하면 잔소리다. 물론 CEO가 엔지니어가 아니더라도 크게 달라지지 않는다. 그럼에도 엔지니어 CEO는 아무래도 기술개발을 진두지휘하므로 특허전략에 대한 실행력을 높일 수 있는 이점이 있다. 그러나 아직까지는 한국에서 CEO의 역할이 구체적인 특허전략에까지는 미치지 못하고 있다.

급변하고 있는 시대에 특허로 대응전략을 마련하고자 한다면 무엇을 준비해야 하는가? 특히 CEO가 이공계 과학자이거나 엔지니어라면 과거와 어떻게 달라져야 할까? 지금까지 우리 기업들이 일본을 철저히 모방해왔던 것처럼 앞으로도 일본 기업을 모방할 뿐만 아니라, 더 선진적으로 대처할 필요가 있다.

한국 전자제품이 일본 전자제품을 따라잡기 시작한 시점인 2005년, 당시 세계지역연구센터 정성춘 일본팀장은 일본 전기전자 대기업의 특허전략에 관한 보고서에서 "일본 전기전자 대기업은 각 사가 300~800명에 이르는 특허부대를 보유하고 있으며, 이들의 주요 업무가 종래의 특허출원에서 특허소송 등 경쟁사 공격을 위한 분야로 중심이 이동하고 있다."고 지적하였다.

우리 기업이 일본의 전자기업들을 따라잡을 시점에 이르렀을 때 일본 기업들은 방어적인 특허전략에서 벗어나 공격적인 특허전략을 구사하기 시작했음을 알 수 있다. 이는 바로 우리가 중국 기업들에 따라잡히고 있는 시점에서 무엇에 중점을 두어야 하는지를 분명하게 시사해주고 있다. 바로 공격적인 특허전략을 통해서 경쟁자와의 선 긋기를 시도해야 할 때라는 것이다.

나는 특허전략에 가장 뛰어난 엔지니어 CEO를 들라면 망설임 없이 제임스 다이슨을 꼽고 싶다. 제임스 다이슨은 영국 왕립예술대학의 산업디자인을 전공한 디자이너 겸 엔지니어로서, 날개 없는 선풍기로 유명한 다이슨사의 창립자이면서 CEO이다. 사실 다이슨이라는 이름의 회사가 우리에게 익숙하게 된 것은 그리 오래된 일이 아니다. 하지만 놀랍게도 다이슨사는 현재 영국 청소기 시장에서 시장점유율이 가장 높은 회사이다. 또한 매우 비싸지만 않다면 누구나 갖고 싶은 명품을 디자인하고 생산하는 기업이다. 좀 지나치게 비싸지만 너무나 아름답기 때문에 소비자들로 하여금 미치도록 갖고 싶도록 만드는지도 모른다.

　다이슨사는 20여 년 전 청소기에서 먼지봉투를 없앴고, 이제는 선풍기에서 날개를 없앴다. 다이슨은 꼭 필요할 것 같은 부품을 없애는 데 달인인 것 같다. 사실 청소기와 선풍기는 역사가 100년이 넘은 레드오션 분야이므로 새로운 기술이 나오기 어렵다. 그러나 다이슨사는 이러한 통념을 비웃기라도 하듯이 전통적인 생활가전을 간단하고 새로운 개념과 디자인으로 탈바꿈시키고 있다. 그만큼 다이슨사는 생활가전 업계에 있어서 혁신의 아이콘으로 통한다. 그럼 다이슨사의 경쟁력은 어디에서 나오는 것일까?

　나는 다이슨사의 경쟁력은 바로 특허를 중시하는 CEO 제임스 다이슨에게서 나온다고 본다. 또한 본사 직원의 1/3이 엔지니어이며, 보유 특허가 1,300여 개에 이른다. 다이슨사는 워낙 고급제품을 생산하기 때문에 경쟁사들로부터 모방제품이 나오면 살아남을 수 없다는 것을 알고 있다. 그렇기 때문에 특허와 디자인 등록을 통해서 강력한 법적 보호장벽을 치는 것을 잊지 않는다. 이러한 특허전략의 중심에는 제임스 다이슨이 있다. 그가 혼자서 제품을 디자인하고 설계하지는 않겠지만, CEO이면서 수석 디자이너로서 분명 신기술에 기초하여 제품의 콘셉트를 정하고 이에 적합한 디자인을 결정하는 데 있어서 핵심적인 역할을 하고 있음에 틀림이 없다. 이는 CEO가 제품설계와 디자인에 있어서 전문 연구원들과 비교해도 뒤지지 않기 때문에 가능하다. 더구나 그는 제품 설계에만 뛰어난 것이 아니라 특허전략에 대한 탁월한 통찰력을 소유하고 있다.

구체적으로 그에겐 새로운 개념의 청소기든 선풍기든 어떤 기술이 소비자의 마음을 사로잡을 수 있는 것인지 분별할 수 있는 능력이 있다. 물론 아무리 똑똑한 CEO 혁신가라고 하더라도 수많은 연구원들의 지혜를 당해낼 수 없다. 그러나 반대로 아무리 많은 대기업 연구원들이라고 하더라도 한 명의 엔지니어 CEO가 내리는 의사결정력을 당해낼 수는 없다. 여기에서 엔지니어 CEO 제임스 다이슨의 위력이 나온다.

또한 다이슨사의 제품광고를 보더라도 제임스 다이슨의 특허전략이 묻어난다. 단순히 제품 이미지만을 광고하는 것이 아니라 제품 안에 녹아있는 핵심적인 특허기술이 묻어 나온다. 광고를 통해서 놀라운 기술을 개발한 것이 다이슨사이며, 이 기술의 소유권도 다이슨사에 있다는 것을 소비자들의 잠재의식 속에 새겨 넣는다. 당연히 특허소송에서 유리한 위치를 점하게 될 뿐만 아니라, 경쟁사들과 차별화된 점을 부각시킬 수 있기 때문이다.

만약 회사의 형편에 따라서 CEO가 직접 특허를 챙길 수 없는 경우라면, 적어도 기술에 관한 총책임자가 이를 총괄하여서 지휘해야 한다. 분명한 것은 이러한 책임자가 누구이든 간에 특허전략과 회사의 운명을 연결시켜서 생각해야 한다는 것이다.

우리도 특허에 주목하자

미국 정치경제학자인 레스터 서로우는 "지식재산이 막대한 가치를 지닐 수 있는 가장 중요한 이유는 기술과 지식이 경쟁우위를 오랫동안 유지할 수 있게 하는 유일한 원천이기 때문이다."라고 하였다. 여기서 '유일'하다는 말에 관심을 가질 필요가 있다. 다른 수단들도 경쟁우위를 가지게 하는 데 도움이 될 수 있을지 몰라도 특허로 대표되는 지식재산만큼 경쟁우위를 오랫동안 보장하지는 못한다는 의미다. 결국 CEO는 지금 당장의 이익에 집착하지 말고, 좀 더 멀리 보고 특허가 주는 유익에 대해서 생각하고 전략전술을 세워야 한다. 그럼 특허가 주는 구체적인 유익이 무엇인지 살펴보자.

1) 강한 특허를 이용하면 적게 일하고 많이 거둘 수 있다

시쳇말로 '무식하면 손발이 고생한다.'는 말이 있다. 이제는 '강한 특허가 없으면 손발이 고생한다.'는 말로 고쳐야 한다. 우리는 OECD 국가들 중에서 연구원이나 근로자들이 가장 많은 시간 동안 일을 한다. 그러나 어느 누구도 일 많이 하는 것을 좋아하지 않는다. 586세대, 486세대는 그렇다고 치더라도 미래의 주역들도 이런 방식으로 끌고 갈 수는 없다. 물론 더 많은 노력과 인내로써 경쟁에서 이길 수 있지만, 그것은 오래가지 못한다. 언젠가 탈이 나고 말기 때문이다. 아무리 유능한 연구원이라도 곧 지쳐서 쓰러지거나 더 이상 버티지 못하고 외국계 회사로 도망가고 말 것이다.

지식재산으로서의 특허를 잘 활용하지 못하면, 아무리 열심히 일해도 치열한 밑바닥 경쟁에서 벗어날 수 없게 된다. 더 많이 일하는데 더 적게 거둘 수밖에 없는 것이다. 일은 일대로 하고 따라가기에 바쁘게 된다. 결국 CEO는 자사의 연구원들을 보호하고 이들에게 좋은 복지를 제공하기 위해서 적게 일하면서도 많이 거둘 수 있게 해야 한다. 레스터 서로우의 경고처럼 남들보다 한 발 앞서서 기술을 개발하고 효과적으로 보호받음으로써만 경쟁우위를 오랫동안 유지할 수 있기 때문이다.

그런데 우리는 무슨 일이 그렇게 많은지 정작 중요한 핵심기술을 자신의 특허로 만드는 일에 소홀하다. 당장 발에 떨어진 먹을거리에 집착하다 보니 장래의 먹을거리를 제공하는 지식재산으로서 특허를 확보하는 데 신경을 쓰지 못하게 되고, 결과적으로 자질구레한 일에 분주하기만 하다. 이제는 전략을 바꿀 때다. 특허를 제대로 활용하기만 하면 경쟁기업에 비하여 높은 생산성을 유지할 수 있게 되고, 결과적으로 적게 일하면서도 많이 거둘 수 있게 된다. 그토록 꿈꾸던 생산성 높은 기업, 부가가치가 높은 기업을 만들 수 있다는 이야기다.

2) 강한 특허를 이용하면 다윗이라도 골리앗을 이길 수 있다

다윗은 골리앗을 상대로 싸우기에는 여러모로 볼 때 상대가 안되었다. 덩치로 보나 힘으로 보나 무기로 보나 당연히 골리앗이 이기는 싸움이었다. 그런데 결과는 어떠했던가? 다윗의 한판승이었다. 다윗에게는 이길 수 있다는 신념과 물맷돌이라고 하는 비장의 무기가 있었다.

좋은 특허를 가지고 있다면 골리앗이라도 다윗을 건드릴 수 없다. 통상 외국에서는 중소기업의 특허라도 제대로 보호받는다고 생각한다. 물론 미국에서는 특허권자가 좀 더 유리한 위치에 서는 것은 사실이지만, 스스로를 보호하기 위해서 노력하지 않는 특허권자를 보호하지는 않는다. 미국에서도 특허가 무효가 되기 때문이다. 외국의 다국적 기업들이 양심적이어서 그들을 보호해 주는 것이 아니다. 미국에서도 벤처기업들은 자신을 부당한 위협으로부터 보호하기 위하여 가능한 모든 경우에 대비해야 한다. 어떻게 하면 특허가 강력한 특허가 될 수 있는지 고민한다.

그러나 우리에게는 이 한 가지가 부족하다. 경쟁기업이 더 거대하기 때문에 불리하다는 생각을 버리고 좀 더 꼼꼼하게 특허를 준비하자. 회사의 운명을 좌우하는 보물을 보관하는 금고의 열쇠가 허술하거나 아예 없다면 도둑맞았다고 하소연할 일이 아니다. 특허 하나 달랑 받았다고 해서 법적 보호가 보장되는 것은 아니다. 적당히 만들어 놓은 특허는 모래성과 같이 쉽게 무너져 버린다. 반대로 제대로 된 특허는 골리앗을 한판승으로 이길 수 있는 대단한 무기가 될 수 있다는 점을 명심하라.

3) 특허공격의 위험으로부터 자신을 지킬 수 있다

기업들은 항상 새로운 시장에 진입하고자 하지만, 동시에 특허권자로부터 경고장을 받게 되는 위험을 사전에 예측해야 한다. 우리나라에서도 수많은 특허분쟁이 발생한다. 나는 특허심판원의 심판관 및 특허법원의 기술심리관으로 일하면서 갑작스런 특허분쟁으로 새로 시작한 사업을 중단해야 하는 경우도 많이 보았다. 이처럼 새로운 사업을 시작해야 하는 기업경영자들은 항상 특허분쟁에 대비해야 한다. 그럼에도 문제는 아직도 특허문제를 어디서부터 손대야 할지 엄두를 내지 못한다는 것이다.

우리나라 대부분의 특허분쟁은 중소기업 간의 문제이거나 국내기업과 외국기업 간의 문제이다. 국내 대기업과 중소기업, 또는 국내 대기업 간의 특허분쟁은 극소수이다. 국내 중소기업은 대기업을 상대로 특허분쟁을 제기했다가 도리어 납품이나 유통 관련된 분야에서 보복당할 것을 두려워하기 때문인 것 같다. 또한 국내 대기업들 간에도 마찬가지로 특허분쟁을 일으키길 꺼려한다. 너무 큰 싸움으로 번지는 것을 우려하는 것 같다. 그러나 고기도 먹어본 놈이 잘 먹고, 싸움도 싸워본 놈이 잘 싸운다. 국내에서 특허분쟁을 많이 겪어보아야 하고, 이를 통해서 특허분쟁을 하는 법을 배워야 한다.

우리도 공격적인 특허전략을 펼쳐 나가야 한다는 점은 알고 있지만, 특허 트라우마가 발목을 잡고 있다. 외국의 기업들은 특허로 우리의 발목을 잡을 수 있지만, 우리는 특허로 그들의 발목을 잡는 것이 해서는 안 될 일처럼 꺼림칙하다. 왠지 사자의 코털을 잘못 건드리는 것 같은 두려움이 있다. 그러나 이제 특허에 대한 패러다임의 변화가 필요하다. 방어적인 특허전략에서 벗어나서 공격적인 특허전략으로 돌아서야 한다. 특허소송에서 이길 자신감을 갖지 못하는 것은 그만큼 나 자신의 특허와 상대방의 기술에 대해서 파악하고 있지 못하다는 뜻이다. '지피지기 백전불태'라고 했다. 특허분쟁의 전략에 있어 분쟁 영역에서의 지형 그리고 상대방과 자신의 특허관계를 예리하게 파악하여 신속하게 대처해 나갈 필요가 있다.

강한 특허는
어떻게 만들어지는가?

우리는 심각한 질병 또는 부상, 특히 생명의 위협을 받는 경우에는 어떻게 해서든지 명의를 찾아 나선다. 우리나라에서 가장 훌륭한 의사를 찾는 것은 물론이고 해외에 나가서라도 명의를 찾아 치료를 받고자 한다. 또한 형사사건과 같이 중대한 문제 앞에서 가장 훌륭한 변호사를 선임하여서 문제를 해결하고자 한다.

그런데 기업의 생명에 위협을 가할 수 있는 특허문제에 대해서는 심각하게 생각을 하지 않는다. 그 나물에 그 밥이라고 생각하는 모양이다. 특허의 힘은 아이디어 자체의 문제이지, 특허를 어떻게 설계하느냐의 문제라고 생각하지 않기 때문인 것 같다. 그러나 특허가 태어날 때 제대로 설계되지 않으면 나중에 절름발이 특허가 될 가능성이 높다. 이미 특허가 등록된 상태에서는 문제를 고칠 수 없다. 그러니 처음부터 어떻게 해야 강한 특허를 만들어 낼 수 있는가 고민해 보자.

1) 강한 특허는 간절한 과제를 해결하는 매력적인 아이디어에서 나온다

강한 특허가 되기 위한 첫 번째 요건은 당업자가 "캬~" 하면서 무르팍을 치는 감탄을 자아내는 아이디어야 한다. 아이디어가 자체가 별 볼 일 없으면 강한 특허를 만든들 아무런 의미가 없다. 특허는 독점배타권인데, 아무도 따라서 하지 않으면 독점배타권을 행사할 일이 없기 때문이다.

이러한 훌륭한 아이디어를 찾아내기 위해서는 무엇보다 전혀 인식하지 못하던 과제를 새롭게 찾아내야 한다. 전에는 불편함을 당연히 그런 것으로 여기며 개선할 생각조차 못 한 분야일 수 있다. 예를 들어 야구선수들의 발꿈치 보호대, 발등 보호대는 과거 야구장에서 보지 못하던 물건이었다. 그러나 최근 스포츠 브랜드들에서 만들기 시작하고 있다. 과거에는 헬멧 또는 포수마스크 등 야구용품이 있었지만, 팔꿈치 보호대를 만들어야겠다는 문제의식을 갖지 못했던 것이다. 이렇듯 문제점을 문제점으로 인식하지 못할 때 아이디어는 나오지 않는다. 불편을 느끼거나 고통을 느끼게 될 때가 바로 아이디어를 생각하게 되는 출발점이다. 우리 생활주변, 또는 작업환경 가운데서 불편하거나 고통을 주는 것들은 없는지

다시 살펴보자. 여기에서 강한 특허가 시작될 수 있다.

두 번째로는 문제 인식은 하고 있었지만 최적의 해결방안을 찾지 못하고 있던 상황 그리고 끊임없는 생각 속에서 기발한 해결수단을 가진 좋은 아이디어가 나온다. 다이슨 사의 날개 없는 선풍기는 이러한 종류의 아이디어다. 선풍기 프로펠러는 매우 위험하다. 특히 어린아이들에게는 더욱 그러하다. 선풍기 그물망을 씌우거나 근접 시 자동으로 멈추게 하는 센서를 부착하는 방법 등으로 안전 문제를 해결하려고 했지만 대체로 온전한 해결방법은 아니었다.

이처럼 기발한 아이디어의 착상은 강한 특허의 출발점이라는 사실을 기억하고, 항상 불편과 고통에 대해서 불평하는 것으로 끝나지 말고, 내가 느끼는 불편과 고통이라면 다른 사람에도 그대로 해당된다는 점을 알고, 개선하고자 하는 대상을 찾아냄으로부터 문제점을 찾아내는 훈련, 또는 기존의 알려진 문제점을 해결할 수 있는 방안을 찾아내는 훈련을 지속적으로 하다 보면 분명 괜찮은 아이디어를 만들어낼 수 있을 것이다.

2) 강한 특허는 무효화되지 않는 특허이다

특허가 무효화되지 않기 위해서 특허요건에 위배되는 사항들이 없어야 한다는 것이다. 특허권자는 독점배타권을 행사하면서 자신의 특허를 침해한다고 생각하는 경쟁자를 대상으로 권리범위확인 심판 또는 침해소송을 제기할 것이다. 그럼 경쟁자는 당하고만 있지 않을 것이고 첫 번째로 특허권자의 특허를 무효화시키는 대책을 강구할 것이다. 그러나 염려할 것 없다. 당신의 특허가 강한 특허라면 무효가 되지 않는다. 하지만 약한 특허라면 무효 입증 증거에 의해서 쉽게 무효가 될 수 있는 것이다. 가장 대표적인 무효의 이유로는 특허 이전에 이미 선행기술이 존재하는 경우이다.

그렇기 때문에 강한 특허를 만들기 위해서는 출원 전부터 동일 또는 유사한 선행기술이 존재하지 않는지에 대해서 철저한 조사가 필요하다. 출원인이 직접 선행기술을 조사하든지 아니면 전문가의 도움을 받아서 철저하게 조사해야 하다. 내가 천재가 아닌 이상 내가 생각해낼 수 있는 아이디어는 타인도 생각해 볼 수 있다는 점을 잊어서는 안 된다. 선행기술 조사가 끝난 다음에는 조사된 선행기술들에 기초하여 가능한 강하게 특허를 설계해야 한다. 핵심기술이 선행기술과 중첩되지 않도록 특허를 설계해야 한다. 핵심기술이 중첩되는 순간 무효는 불 보듯 뻔하다.

3) 강한 특허는 경쟁자가 피해갈 수 없는 특허이다

경쟁자가 나의 특허를 쉽게 피해갈 수 있는 것이라면 그 특허는 잘못 설계된 것이다. 어떤 경우에는 정말 아무런 노력을 기울이지 않아도 피할 수 있는 특허들도 있다. 출원인이 특허등록증이 필요할 뿐, 특허소송에는 관심이 없다고 요청하는 경우에는 굳이 강한 특허를 만들 필요가 없음은 인정한다. 상장과 같이 벽에 걸어놓고 자족하거나 남들에게 보여주기 위한 특허등록증이라면 강한 특허일 필요가 없다. 하지만 이 마음이 변하면 안 된다. 그러한 목적으로 특허를 받았다고 하더라도 누군가 자신의 특허와 유사한 아이디어를 사용하는 것을 보면, 마음이 바뀌어서 분노하는 경우가 적지 않다. 그러나 분노하기 전에 자신의 특허가 강한 특허인지 약한 특허인지를 생각해 보아야 한다.

강한 특허는 아무리 머리를 굴려도 피해 나갈 묘수가 생각나지 않는 특허이다. 아무리 아이디어를 변경을 해보아도 그 특허의 범위를 벗어날 수 없어야 한다. 앞으로 기업의 생명은 강한 특허의 존재 유무에 달려있다고 해도 과언이 아니다. 이제 약한 특허, 상장으로 벽에 걸어놓는 특허증은 지양하고 참신한 아이디어, 무효화되지 않는 특허, 피해갈 수 없는 특허를 만들어서 생산성을 높여야 한다.

특허무용론에
대하여

　실력이 없는 기술자가 연장 탓을 한다고 하였던가? 일부 특허분쟁을 경험한 이들 중에서 어떤 이들은 특허무용론을 주장하기도 한다. 특허 받아봤자 아무 쓸모가 없다는 이야기다. 특허권자가 특허분쟁을 하다가 상대방의 무효공격에 의해서 자신의 특허가 무효가 되거나 특허 침해 주장이 먹히지 않을 때 종종 이러한 이야기를 하곤 한다.

　무효가 되는 특허, 특허 침해 주장이 먹히지 않는 특허, 이는 곧 쓸모없는 특허라는 얘기다. 특허라는 모양은 갖추었는데, 실질적으로 아무런 힘이 없는 약한 특허이다. 약한 특허는 나쁜 특허이다. 왜 약한 특허는 나쁘기까지 한가? 약한 특허는 시간과 비용을 잡아먹기 때문이다. 그럼 나쁜 특허는 누가 만든 것일까? 분명 특허는 출원인, 변리사, 그리고 심사관의 공동작품이다. 그럼에도 특허의 설계는 궁극적으로 출원인과 변리사의 역할이다. 이들이 설계도를 제출하면 심사관이 이를 등록할 것인지 거절할 것인지를 결정한다.

심사관은 강한 특허를 내주기도 하고, 약한 특허를 내주기도 한다. 출원인과 변리사는 자신들이 직접 명세서(특허를 받기 위해 작성하여 특허청에 제출한 아이디어에 관한 서류를 가리킨다)를 작성하고, 심사관은 그러한 설계가 적합한지를 검토한다. 이미 알려진 공지기술과 출원인의 발명을 비교하여 너무 강하게 설계한 것이면 거절 이유를 지적하지만, 설사 출원인이 명세서를 너무 약하게 설계하였다고 하더라도 더 강하게 설계하라고 조언하지는 않는다.

그러므로 출원인과 변리사는 명세서를 심사관의 거절을 받지 않는 범위 내에서 가장 강하게 설계하여야 한다. 그럼 강한 특허의 설계기준은 무엇인가? 앞에서 언급했던 것처럼 선행(공지)기술이 되어야 한다. 선행기술은 출원 전에 존재하고 있는 모든 유사기술이다. 이를 완벽하게 알고 있지 못한다면 제대로 된 강한 특허를 설계하는 것이 곤란하다.

강하거나 약한 특허는 1차적으로 출원인과 심사관의 줄다리기에 의해서 결정된다. 출원인은 심사관의 거절이유와 자체 판단 사이에서 특허에 대한 설계를 변경하게 된다.

결국 쓸모없는 특허는 출원인 자신이 초래한 결과이거나 약한 특허에 대한 무지의 결과인 것이다. 특허설계에는 많은 시간이 소요된다. 그냥 뚝딱 명세서를 작성했다고 해서 강한 특허가 만들어지는 것은 아니다. 심사관의 거절 이유에 적절하게 대응하고 강한 특허를 만들려면 적어도 출원인이 이에 대한 해박한 지식이 있어야 한다. 다만 심사관들은 특허청 자체의 평가에 대비해서 과도하게 짜게 심사한다는 비난을 받고 있다. 심사관의 과도한 거절 이유가 출원인을 위축시켜 약한 특허로 변경하도록 유도한다는 것이다. 그러나 결국 자신의 권리범위를 최적의 상태로 정하여 청구하는 것은 출원인의 몫이다.

출원인이 강한 특허에 대한 관심이 부족하다면 적지 않은 시간과 돈을 사용하고도 특허분쟁에서 실질적인 이익을 얻지 못하게 된다. 결국 특허권자들은 특허가 아무짝에도 쓸모없다는 것이라는 생각을 가지게 된다. 쓸모 있는 특허를 만드는 것은 궁극적으로 출원인의 관심에 달렸다. 때에 따라서 출원인은 '못 먹어도 고go'라는 의지를 가지고 강한 특허를 주도해 나가야 한다. 한마디로 출원인의 관심이 없다면 부실하게 지어진 특허가 될 가능성이 많다는 의미이다.

부실공사로 지어진 특허는 건물과 마찬가지로 안전을 위태롭게 한다. 누구의 안전을 위태롭게 할까? 심사관의 안전을 위태롭게 하는 것도 아니고, 변리사의 안전을 위태롭게 하는 것도 아니다. 결국 출원인, 특허권자가 추진하는 사업의 안전을 위태롭게 한다. 적지 않은 시간과 비용을 들인 특허가 잘못된 설계로 인해서 부실 시공된 건물처럼 와르르 무너진다는 이야기다. 이러한 특허는 무용지물이다. 그렇기 때문에 특허무용론이 대두된다. 무용지물의 특허는 특허제도에 의해 만들어지는 것이 아니라, 관심을 가져야할 출원인의 무관심 때문인 것이다.

강한 특허는 출원인의 꼼꼼한 준비에서 시작된다. 출원인이 얼마나 선행기술을 알고 있는지에 따라서 결정된다. 약한 특허의 책임이 누구에게 있든 그에 대한 최종적인 불이익은 특허권자에게 돌아간다. 약한 특허는 종종 부실 특허라는 이름으로 불리기도 한다. 결국 출원인이 자신의 특허가 어떤 특허인지 관심이 없거나 무지하다면 부실 특허가 나올 가능성을 배제할 수 없다. 출원인은 이제 더 이상 특허등록에만 목적을 두어서는 안 된다. 자신의 출원발명이 선행기술에 의해서 거절되어야 하는 것이 맞다면 거절되도록 해야 한다.

외국의 선진기업들은 출원 전부터 철저한 선행기술 조사를 기반으로 자신의 발명이 어떤 점에서 특유한 것인지 정확하게 알고 있다. 충분한 선행기술 조사가 뒷받침되지 않은 상태에서 특허의 부실설계는 결국 자신에게 부메랑이 되어서 돌아온다. 선행기술을 정확하게 파악하고 있지 않은 상태에서 특허출원은 모래 위에서 성을 짓는 것과 같다. 이러한 오류를 피하기 위해서 발명가들은 그냥 선행기술 조사에 대해서 무심한 발명자가 아니라, 선행기술을 정확히 파악하고 있는 발명가이어야 한다.

결론적으로 말하자면 특허를 받았다고 해서 무조건 천하무적 특

허권이 되는 것이 아니라는 것이다. 강한 특허는 설계되고 만들어
지는 것이다. 어떻게 설계되고 만들어지느냐에 따라서 지푸라기로
지어진 특허가 될 수도 있으며, 나무로 지어진 특허가 될 수 있으
며, 벽돌로 지어진 특허가 될 수도 있다.

아이디어맨이 알아야 할 특허상식

음식 레시피도 특허 받을 수 있다?

미국만 보더라도 프라이드 치킨은 크게 다르지 않다. 하지만 우리나라에는 다양한 프라이드 치킨이 존재한다. '양념치킨'을 키워드로 해서 특허정보를 검색해 보더라도 수많은 아이디어들이 특허 출원된 사실을 알 수 있다. 그만큼 매우 많은 사람들이 새로운 조리법의 치킨을 개발해낸다. 그럼 이러한 새로운 치킨도 특허를 받을 수 있는가?

1990년대 이전만 하더라도 음식물은 자연법칙을 이용한 발명이 아니라는 점, 산업상 이용이 가능하지 않다는 점, 서민들의 식생활을 보호해야 한다는 점에서 특허 대상에서 제외되어 왔으나, 세계적인 특허 대상의 확대 추세에 따라 1990년 특허법의 개정으로 음식물이 물질특허의 한 유형으로 보호받을 수 있게 되었다.

사실 이 시대를 가리켜 '지식정보화시대'라고 하고, 지식재산이 경제적 가치가 되는 시대라고 하지만, 이는 일반인들에게는 거리감이 있는 이야기에 불과하다. 어떤 장치에 대한 발명을 하고자 하더라도 기본적인 과학지식이 필요하기 때문이다. 그러나 음식물 조리법에 관한 특허를 받기 위해서는 이러한 과학적 지식보다는 조리에 대한 숙련된 경험이나 관심만 있으면 충분하다.

최근 남성들을 포함해서 일반인들도 요리에 대해서 큰 관심을 가지고 있을 뿐만 아니라, 요식업 종사자들 사이에서는 새로운 요리 레시피를 개발하는 것이 경쟁에서 살아남을 수 있는 필수조건으로 인식되고 있다. 김밥집 주방에서 일하는 아주머니들이라도 새로운 김밥에 대한 아이디어를 바탕으로 특허를 출원할 수도 있다. 이처럼 음식물 특허는 누구든지 창의력을 발휘하여 특허 받을 수 있는 것이라는 점에서 매우 흥미롭다. 한 예로서, 스파게티 요리에 관심을 가지는 사람이라면 검색을 통해서 '오븐스파게티의 제조방법'(등록번호 10-0358674)이 등록되어 있다는 사실을 쉽게 확인할 수 있을 것이다.

이와 같이, 새로운 조리법을 개발하여 독특한 맛과 향을 가지는 치킨을 개발하게 되었다면 식품 자체 및 그 조리방법에 대해서 특허 획득도 가능하다. 그러나 음식물 특허에서도 마찬가지로 일정한 등록요건이 요구된다. 새로운 아이디어라고 하더라도 쉽게 생각할 수 있는 것이어서는 안 된다는 것이다. 다시 말해 전에 없던

것이라도 당업자가 쉽게 생각할 수 있는 것이라면 특허를 받을 수
없다는 것이다.

한편 음식물은 널리 알려져 있는 경우가 대부분인데, 어떻게 특
허 등록이 될 수 있는가 의문을 가지기 쉽다. 음식물 자체는 알려
져 있었어도 그 제조 방법이 비밀로 유지되어 왔거나 동일한 음식
에 대해서 새로운 제조(조리) 방법이 개발된 경우에는 그 방법에 대
해서도 특허를 받을 수 있다. 일례로서, 식혜라는 음식은 전통음
식이지만, 새로운 식혜의 제조방법에 대해서는 특허등록이 가능
하다.

또한 음식물의 특허등록이 가능하다고 한다면, 특허권자가 어떻
게 경쟁자의 따라하기로부터 자신의 특허를 보호받을 수 있는 것
인지 의문이 생길 것이다. 모든 특허권은 등록에 의해서 권리가 발
생한다. 그러나 모든 특허권자가 자신의 권리를 행사하는 것이 그
리 간단하지만은 않다. 그럼에도 최근 음식물 및 그 제조방법(조리
방법)에 대한 특허에 관심이 집중됨에 따라서 맛집이라고 알려진
식당에는 특허등록증 하나 정도는 벽에 걸려있는 것이 보통이다.
특허를 받은 식당이라고 해서 음식이 맛있다고 할 수는 없지만, 분
명 특허를 받은 음식이라고 하면 왠지 달리 보이는 효과를 이용한
것이다. 최근 식당들 사이에서 특허등록증은 맛 집이라고 소문을
내기 위한 필수 경영전략으로 통하고 있다.

예를 들어 콩나물 국밥집을 운영하는 식당주인이 '콩나물 재배
방법'에 관한 특허를 받아 식당 벽에 걸어 놓았다고 하자. 그리고

식당주인은 특허 받은 콩나물 재배방법으로 재배한 콩나물만을 사용하여 콩나물 국밥을 조리한다고 홍보할 수 있다. 그럼 손님들은 고개를 끄덕이며 "아~ 그래서 국물이 더 시원하구나." 하며 느끼게 될 수도 있다. 또한 육개장을 파는 식당에서 홍삼을 넣고 끓인 육개장에 관한 특허를 받았다면 손님들로 하여금 왠지 건강에 좋을 것 같은 느낌을 갖도록 할 수 있어서 이런 면에서 특허증은 소정의 목적을 달성할 수 있게 된다.

이렇기 때문에 현실적으로 보면 식당주인이 특허 받은 콩나물 재배 방법이나 독특한 육개장 조리법으로 독점배타권을 행사하여 치열한 국밥 시장에서 경쟁자를 물리치려고 특허를 받을 것 같지는 않다. 물론 불가능하지는 않지만 독점배타권을 행사하기도 쉽지 않기 때문일 것이다. 독점배타권을 행사하기 위해서는 타인이 만드는 음식물 제조방법이 자신의 특허와 동일한 것인지 확인해야 하는데 그게 쉽지 않다. 일정 형상을 가지는 물건의 제조방법과 같은 경우에는 제품만을 보고도 어떠한 방법으로 물건을 제조하였는지를 어느 정도 짐작할 수 있지만, 콩나물 재배 방법에 관한 특허인 경우에는 콩나물만을 보아서는 어떠한 재배방법으로 재배했는지 알 수 없다. 이와 같은 재배방법 특허뿐만 아니라, 조리방법에 관한 특허에 있어서도 침해 여부를 확인하는 것은 쉽지 않아서 실제 특허분쟁으로 이어지는 경우는 많지 않다.

뜨거운 감자, 소프트웨어 특허

　요즘은 소프트웨어가 대세이다. 그만큼 소프트웨어의 중요성이 강조되고 있고, 초등학교에서부터 소프트웨어 코딩을 필수과목으로 해야 한다는 주장이 힘을 얻을 정도이다. 그럼 소프트웨어도 특허로 등록받을 수 있는 것인가? 가능하다는 말도 있고 불가능하다는 말도 있다. 순수 소프트웨어 기업인 MS사도 수많은 특허를 보유하고 있는 점을 보면 특허등록이 가능하다는 것이 확실하다.

　분명 소프트웨어는 특허를 받을 수 있는 대상이 맞지만, 여전히 소프트웨어 특허는 논란의 중심에 있는 뜨거운 감자라고 할 수 있다. 소프트웨어를 어디까지 특허로 인정해 줄 수 있는가 하는 점에서 논란이 끊이질 않고 있다. 미국 특허법에서는 특허 받을 수 있는 기본 조건으로서 '유용성'을 꼽고 있으면서 동시에 '알고리즘 자체'는 등록을 받을 수 없도록 제한하고 있다. 그런데 소프트웨어는 명령어들의 집합으로서 일종의 알고리즘이다. 컴퓨터 알고리즘은 컴퓨터와 결합되어서 인간에게 유용성을 제공한다. 그래서 유용성과 알고리즘이라는 두 가지 요건 사이에서 미국 대법원은 시대적인 상황에 따라서 조금씩 다른 판결을 해왔다.

한때, 소프트웨어의 유용성에 중점을 두어 '해 아래 인간이 만든 것은 모두 특허될 수 있다'고 판시한 미국 연방대법원 판결 이후로, IT기업 및 개인 IT전문가들은 소프트웨어 특허 획득에 역량을 집중하였다. 하지만 이와 반대로, 2014년 미국 연방대법원은 추상적인 아이디어를 컴퓨터 소프트웨어에 접목한 것만으로는 특허로 인정될 수 없다고 판시하였다. 그렇다고 모든 소프트웨어의 특허성을 부인한 것은 아니다. 특허권자인 호주 업체 앨리스와 실시자인 미국 CLS은행 간의 특허분쟁에 관한 것이었다. 당시 앨리스의 특허는 미국 특허청에 의해서 등록된 상태였으나, 미국 은행인 CLS는 앨리스의 특허로 인해서 사업에 지장을 받게 되자 그 특허가 무효라고 주장하게 된 것이다. 앨리스의 특허는 양 당사자 사이의 거래에 대한 안전성을 확보하기 위해서 제3자에 결제대금을 예탁하는 방식을 컴퓨터를 이용하여 구현한 것이었는데, 우리나라의 옥션(auction.co.kr)에서 구매자가 상품 구매와 함께 결제를 하였어도 물건을 수령한 후에 구매 결정을 클릭하여야만 결제된 대금이 제3자인 옥션을 통해서 판매자에게 전달되도록 하는 방식과 같다. 미국 연방대법원은 추상적인 아이디어를 컴퓨터 소프트웨어로 만

든 것에 불과하다는 것이어서 특허 받을 수 없는 것이라고 판단한
것이다.

이처럼 소프트웨어는 특허 대상이라고 할 수 있는지에 대해서
논쟁이 많은 분야이고, 보통 아이디어의 범위가 매우 넓고, 동종
업계에 대한 영향력이 크기 때문에 세계 각국은 소프트웨어 특허
에 대해서 매우 엄격하게 제한하는 경향을 보이고 있다. 특히 최근
의 특허괴물들이 소프트웨어 특허를 중심으로 크게 확산되고 있는
점을 감안하여, 특허괴물들의 영향력을 제한하려는 움직임과 맥을
함께하는 것이라고 볼 수 있다.

미국 연방대법원의 앨리스 판결로 인해서 미국에 존재하는 수많
은 소프트웨어 특허들은 아직 무효가 되지 않았지만 언제든지 무
효가 될 수 있는 위험에 처한 것이 사실이고 특허권자들은 소프트
웨어 특허권을 행사하는 것에 소극적이 되었다. 그래서 IT벤처기
업들 사이에서는 미국 연방대법원의 엄격한 잣대에 대해서 우려하
는 목소리가 커지고 있다. 특히 소프트웨어 특허를 많이 보유한 기
업들은 소프트웨어 특허가 미국을 이 분야에서 세계 최강을 유지
하도록 하는 데 결정적인 역할을 하였다는 점을 들어 이와 같은 조
류에 반대 입장을 가지고 있다.

반면, 미국 연방대법원의 판결을 환영하면서 소프트웨어 특허
를 반대하는 이들은 소프트웨어 특허의 부정적인 측면을 강조한
다. 소프트웨어는 매우 보편적인 상식을 기반으로 하는 경우가 많
다. 특별히 특정 분야에서 축적된 기술 노하우를 갖고 있어야 발명

할 수 있는 것도 아니어서 개인발명가들이 쉽게 특허를 받을 수 있다. 다만 이를 이용하여 특허권 행사가 쉽지 않기 때문에 NPE에 대가를 받고 양도하게 되고, 저렴하게 소프트웨어 특허를 양도받은 NPE들이 거대 기업들을 상대로 먹이사냥을 나서게 되면서 문제가 발생하는 것이다. NPE들이 제조업체를 공격할 때 사용하는 특허의 80% 이상이 소프트웨어 특허라고 하면 이해가 쉽게 된다.

그럼, 미국연방대법원 판결로 인해서 이제 소프트웨어 특허는 모두 다 죽은 것이라고 해야 하나? 물론 그렇지 않다. 이 판결은 상식적인 아이디어가 컴퓨터 소프트웨어를 통해서 특허화된 것을 무효로 한 것이지, 구체적이고 기술적인 특징을 가진 부분들을 특허화하는 것을 차단한 것은 아니다. 그럼에도 소프트웨어 특허를 기초로 침해소송을 진행해야 하는 특허권자 입장에서는 매우 부담스러울 수밖에 없게 되었다. 침해소송을 제기하는 즉시 특허무효에 대한 압박이 들어올 것이 명백하기 때문이다.

결국 관건은 어디까지가 추상적인 아이디어를 단순 컴퓨터 소프트웨어로 만든 것인지 경계가 모호하다는 것이다. 특허출원을 하는 자나, 이미 특허를 받은 특허권자는 자신의 아이디어가 혹시 추상적인 아이디어를 단순히 컴퓨터 소프트웨어로 만든 것에 불과한 것인지 재고해야 한다. 그런데 더 큰 문제는 추상적인 아이디어라고 판단한 대법원의 판결 자체도 너무 추상적이라는 데 있다. 어떤 아이디어가 추상적이고 추상적이지 않은지가 명확하지 않아서 특허가 될 수 없는 것과 그렇지 않은 것의 경계가 명확하지 않다고 할 수 있다. 자신들의 특허가 추상적인 것이 아니라 연방대법원의 판결이 추상적이라는 볼멘소리가 나온다. 그래도 언제 다시 뒤바뀔지 모르는 연방대법원의 방향을 생각하면 일단 특허 등록을 추진하는 것이 바람직하지 않을까? 불확실한 상황에서는 일단 특허를 받아놓고 보는 것이 현명하게 보인다.

미국은 그렇다고 치더라도 문제는 우리나라다. 우리나라에서는 소프트웨어 특허를 어떻게 취급하고 있는가? 우리 특허법에서는 발명의 대상을 자연법칙을 이용한 것이라고 명시하면서, 그 발명이 특허 받기 위해서는 산업상 이용 가능해야 한다고 기준을 제시하고 있다. 그리고 우리도 역시 자연법칙 자체나, 알고리즘 자체로서는 등록을 받을 수 없다고 한다. 다만 자연법칙을 이용하거나, 알고리즘을 이용하여 산업상 이용 가능한 유용성을 창출한 것이라면 특허를 받을 수 있다고 볼 수 있다. 그리고 세계적인 추세에 맞추어서 등록을 허용해야 한다는 것이 지식재산정책의 방향인 것은 맞다.

문제는 우리나라 특허들 중에는 소프트웨어 특허가 많지 않다는 것이다. 영업방법Business Model으로 특허를 출원하는 경우는 많지만, 이런 경우 서비스업 전체를 포괄하여 보호범위로 하기 때문에 상대적으로 엄격하게 특허를 부여해 줄 수밖에 없다. 특허청 입장에서도 지나치게 넓은 보호범위를 가지고 있는 아이디어를 특허로 보호해주는 것은 부담스러운 일이다. 하지만 구체적이고 특이한 방법을 가지는 소프트웨어 특허는 특허 등록이 어렵지 않고 보호받을 가능성이 크다.

  우리나라에서도 미국과 같이 소프트웨어의 특허성을 인정하는 것에 대해서 매우 민감하게 반응한다. 소프트웨어는 오픈소스를 통해서 더 발전할 수 있다고 믿는 측과 특허화를 통해서 더 발전할 수 있다는 측의 주장이 팽팽하게 맞서고 있지만, 우리나라에서도 현재 실무적으로 구체적인 목적 달성을 위한 소프트웨어 특허는 대부분 인정되고 있다고 볼 수 있다. 그러므로 영업방법에 관한 특허에 관심을 가지기보다 소프트웨어기업인 마이크로소프트가 어떠한 발명들을 소프트웨어 특허로 받았는지 검색해 보면 마이크로소프트가 원하는 기술이 어떠한 것인지 그리 어렵지 않게 알아낼 수 있을 것이다.

캐릭터도
특허가 되는가?

　요즘 초등학생 사이에서 '마인크래프트'가 대유행이다. 이들은 게임 '마인크래프트'를 즐겨 하고 특히 유튜브를 통해서 '마인크래프트' 방송들을 본다. 최근 '도티'라는 캐릭터가 인기가 높다. 나도 우리 아이들 어깨 너머로 유튜브 방송을 자주 보다 보니 '도티' 캐릭터가 친숙해졌다. 하루는 아이들이 '도티' 인형을 사왔다. 크기에 비해서 만만치 않은 가격이어서 놀랐지만 동시에 우리나라도 캐릭터 산업에 성장가능성이 있음을 보게 되었다.

　게임뿐만 아니라, 다양한 분야에서 캐릭터들이 등장하기 시작했다. 웹툰이나 카툰방송에 나오는 캐릭터들도 인기가 많다. 그럼 이런 캐릭터들은 어떻게 보호를 받을 수 있을까? 보호를 받기 위해서는 특허출원이든 뭐든 보호조치를 해야 할 것 같은 생각이 든다.

뭔가를 새로 창작한 이들에게는 그것들을 어떻게 보호받을 수 있도록 할 것인가 하는 문제는 당연한 고민거리이다. 요즘같이 베끼기 쉬운 시대에는 창작물에 대해서 보호받지 못할 경우 그 창작은 실패로 끝나게 될 것은 자명하다. 그런데 어떤 것은 특허로 보호가 되지만, 어떤 것들은 특허로는 보호되지 않는다. 즉 특허는 기본적으로 자연법칙을 이용한 것이어야 하는데 창작 캐릭터는 자연법칙을 이용한 것이 아니라서 보호대상이라고 할 수 없는 것이다.

통상 알려져 있듯이 그림이나, 캐릭터와 같은 예술 창작품은 저작권으로 보호를 받을 수 있다. 저작권으로 보호를 받는 것은 특별한 등록을 요하지 않으며 창작과 더불어 곧바로 저작권이 발생한다. 특히나 웹툰 같은 경우에는 포털에 게시하는 경우 업로드한 즉시 게시일이 함께 게시되기 때문에 특별히 창작시점을 입증할 필요가 없는 이점이 있다고 할 수 있다.

그러나 이런 경우가 아니면 누가 진정한 저작자인지, 또는 구체적인 창작물에 대해서 창작시점이 언제인지 증명해 보이는 것이 쉽지 않기 때문에 창작자들은 저작권 등록을 통해서 사후에 발생할 수 있는 입증책임문제를 좀 더 쉽게 해결하려고 한다. 특히 저작권 등록비용이 저렴한 편이기 때문에 저작권 등록을 하는 것도 지혜로운 방법이다. 자세한 사항은 한국저작권위원회에 문의하면 된다.

국내법상으로 과거에 저작권 보호기간은 저작자 사망 후 50년 동안이었다. 특허에 비해서 훨씬 길다. 한미 FTA 당시 협상의 쟁

점이 되었던 것이 이 저작권 기간과 관련된 것이었다. 월트 디즈니의 미키마우스의 보호기간 만료를 앞두고 있었던 미국 측은 협상 과정에서 저작권 보호기간을 저작자 사망 후 70년까지로 연장하는 것을 주장하였고, 다른 공산품의 수출을 더 중시하였던 우리나라는 이를 받아들여, 미국법과 동일하게 저작권 보호기간을 연장하게 되었다.

그럼 우리나라는 완전히 손해를 보는 협상을 한 것인가? 물론 미키마우스의 저작권이 20년이나 연장된 면에서 손해 보는 협상을 하였다고 할 수 있지만, 사실 월트디즈니사는 저작권 외에 다른 방법으로도 미키마우스를 보호받을 방법이 있었기 때문에 저작권 보호기간 연장이 치명적으로 손해를 감수하는 협상이었다고 할 수 없다. 즉, 월트디즈니사와 같은 회사들은 보유하고 있는 캐릭터들을 저작권 외에 상표권으로도 동시에 보호받고 있는 경우가 대부분이다. 저작권은 보호기간이 정해져 있지만 상표로 등록된 캐릭터 표장은 만료기간 없이 연장등록만 하면 영구히 보호받을 수 있기 때문에 매우 유용한 보호방법이다. 즉, 패션 아이템에 사용되는 미키마우스 캐릭터는 그 보호에 만료기간이 없는 셈이다. 월트디즈니의 미키마우스는 언젠가 저작권의 보호기간이 만료되겠지만 상표권으로서 언제까지나 보호받을 수 있다.

이처럼, 당신도 창작캐릭터를 만료기간에 영향을 받지 않고 강력하게 보호받고자 한다면 저작권 등록과 더불어 상표로서 등록받을 것을 권장한다. 다만 상표로서 등록을 받을 때 주의해야 할 점은 저작권 등록보다 상당히 비용이 많이 소요된다는 점이다. 상표 (서비스표) 출원 시에는 등록받고자 하는 표장이 사용될 수 있는 상품분류를 함께 지정해야 한다. 이때 그 지정상품의 종류가 많으면 많을수록 출원비용뿐만 아니라 등록비용까지도 비례하여 증가한다는 것이다.

원래 이 책은 특허에 대한 책이지만, 이왕 상표출원에 대해서 언급했으니 중요한 점들에 대해서 좀 더 설명하고자 한다. 특허, 실용신안, 디자인 제도는 기본적으로 타인의 카피행위로부터 발명가 또는 창작자를 보호하는 제도인 반면, 상표 제도는 상표권자의 이익을 보호하는 동시에 상품이나 서비스에 대한 출처 표시로서 출처의 혼동을 방지하여 궁극적으로 상품이나 서비스를 구매하는 소비자를 보호하기 위한 제도이다. 만약 어떤 특정 제품이나 서비스를 구매한 소비자가 이에 만족하여서 재구매 의사가 있다고 하더라도 그 제품이나 서비스를 다른 기타 제품이나 서비스들과 구별할 수 없다면 시장은 큰 혼란에 빠지게 될 것이기 때문이다.

상표의 등록요건 중 가장 중요한 것은 표장이 다른 표장들과 구분할 수 있도록 하는 '식별력'을 갖추어야 한다는 것이다. 그래서 다른 상표와 구별하게 해주는 독특한 단어나 도형 등을 포함하여 식별력을 높일 필요가 있다.

상표와 유사하지만, 좀 다른 개념으로는 업무표장, 단체표장, 지리적 표시 단체표장 등이 있다. '업무표장'은 비영리단체의 업무 영역범위에 대해서 등록받는 것이고, '단체표장'은 조합 등에 의한 공동생산방식을 가지는 단체들이 공동으로 소유하는 일종의 상표와 같은 것이고, '지리적 표시 단체표장'은 특정지역의 특산물을 공동 생산하는 경우 이 지역공동체에서 공동으로 사용하는 상표라고 할 수 있다. 이런 업무표장, 지리적 표시 단체표장은 한 가지 특징이 있는데, 이들은 일반 상표는 등록이 불가능한 식별력 없는 표장까지도 등록받을 수 있다는 이점이 있다. 예를 들면 '보성녹차'라는 표장은 상표로서 식별력이 없다. '보성'이라는 단어는 일반적인 지리적 명칭에 불과하고 녹차는 거래상품 명칭에 불과하기 때문에 '보성녹차'는 식별력이 없는 표장이다. 그러나 상품의 품질과 특성이 지리적 특성에서 비롯되는 경우 그 원산지 이름을 표장으로 인정해주는 '지리적 표시 단체표장'으로는 등록이 가능하다. 상표는 특허와 직접적인 관련성은 없지만, 사업을 시작하는 이들에게는 매우 중요한 사항이므로 관심을 가지고 살펴보면 좋을 것 같다.

책도
특허가 될 수 있다?

가끔 서점에서 책을 고르기 위해서 살펴보다가 책 표지에 '특허 등록'된 것이라고 표시가 되어 있는 경우가 있을 것이다. 정말 책도 저작권 등록이 아닌 특허로 등록받을 수 있을까? 특허정보넷 키프리스(www.kipris.or.kr)에서 '학습서', '책', '도서' 중 어느 하나의 키워드로 검색해보자. 특허분류로는 G09B에서 주로 발견된다. 국내에서는 학습용 도구나 도서에 관한 특허출원이 가장 많이 검색되어 나온다.

통상 책의 내용은 저작권으로만 보호받을 뿐이고 그 아이디어는 특허로서 보호받을 수 없다. 하지만 책을 어떻게 구성했는지에 대한 배치관계라면 특허를 받을 수 있다. 통상 특허 받을 수 있는 발명은 자연법칙을 이용한 것이어야 하고, 사람의 정신작용에 대해서는 특허 받을 수 없다는 것이 일반적인 원칙이다. 그런 면에서 책의 내용을 어떻게 구성할 것인지 하는 것은 자연법칙을 이용한 것이 아니라, 사람의 정신작용에 해당하는 것이니 이 또한 특허대상이 안 되는 것 아닐까 하는 의문이 든다.

물론 그것도 일리가 없는 것은 아니지만, 우리 특허법원과 대법원은 책의 내용을 어떻게 배치할 것인가와 관련된 아이디어를 자연법칙을 이용한 발명이라고 보고 있고, 더구나 국제특허분류IPC, CPC에도 책의 내용 구성과 관련하여 별도로 기술 분류를 두고 있을 정도면 국제적으로도 이것이 특허의 대상이 된다는 합의가 있는 것이라고 보인다.

하나의 예를 들어보자. 우리가 잘 아는 만화학습교재인『마법천자문』은 한자학습교재이므로 당연히 저작권으로 보호를 받겠지만, 또한 실제 특허등록도 받은 것이다. 마법천자문은 천자문과 만화를 적절하게 배치하여 그 만화를 읽어내려 가기만 하면 저절로 한자를 학습할 수 있도록 한 것이 특징이다.『마법천자문』이라는 책에 관한 특허를 보유한 특허권자는 경쟁자가 유사한 제품을 출시하자 특허권 침해라고 주장하였고, 경쟁자는 이에 맞서 이 특허가 무효에 해당한다고 주장하기에 이르렀다.

이 특허의 무효를 주장한 경쟁자는 "책 내용은 자연법칙을 이용한 것이 아닌 인간의 정신적 판단이 작용되는 것이므로 당연히 이 특허는 무효가 되어야 한다."고 주장하였다. 그러나 우리 법원은 "이 특허발명은 한자만화 이미지에 등장 캐릭터가 외치는 한자의 뜻과 소리표시부, 해당 한자표시부, 해당 한자의 뜻을 나타내는 만화이미지 표시부가 함께 도시됨으로 인해서 한자가 스토리의 전개와 연관되도록 구성한 것에 특징이 있도록 물리적으로 배치한 것으로서 시각적 배치를 유기적으로 구성하여 학습자가 한자학습에 흥미를 가지도록 함과 동시에 학습효과를 높인 것이라는 점에서 자연법칙을 이용한 경우에 해당한다.”고 판결했다.

이렇게 『마법천자문』은 자연법칙을 이용한 발명이라는 법원의 지지를 받았지만, 안타깝게도 특허출원 전에 먼저 책을 발행하는 실수를 범하는 바람에 출원 전 공지라는 이유로 특허등록이 무효가 되어버렸다. 매우 유용하고 기발한 아이디어에 기초한 특허로서 권리범위를 상당히 넓게 보호받을 수 있었던 것이었는데 결국 출원 전 자신에 의한 출판이 발목을 잡게 된 것이다.

아무튼 기존의 책에 새로운 아이디어를 도입하여 구성하는 것이 특허를 받을 수 있다는 것을 알게 되었으니 앞으로도 새로운 시도들이 계속될 것이라고 믿는다. 순수하게 정신작용만의 아이디어라면 특허대상이 될 수 없겠지만, 위에서와 같이 물리적 배치와 더불어 정신작용이 부수적으로 함께 포함될 수 있는 경우에는 특허대상이 될 수 있으므로, 지레 포기하지 말고 적극적으로 특허출원할 것을 권장한다. 따라서 자연법칙을 이용한 발명이라는 의미를 너무 좁혀 생각할 필요가 없다. 실제 각종 아이디어 책 또는 전화번호부, 그리고 수첩 등도 책의 내용구성을 어떻게 배치할 것인지에 대해서 이미 많은 특허들이 등록된 상태다.

그럼 자연법칙을 이용하지 않았다는 이유만으로 특허를 받을 수 없는 경우는 어떠한 경우들이 있는가? 에너지 투입 없이 작동되는 영구기관과 같은 자연법칙에 위배된 기술사상인 경우와 자연법칙이 아닌 그 외의 법칙 즉, 수학공식, 경제법칙, 논리법칙, 인위적인 약속에 해당하는 게임규칙 그 자체는 특허대상이 될 수 없다. 특허법은 특허의 대상이 되기 위해서는 자연법칙을 이용한 발명이어야 하고, 또한 산업상 이용 가능한 발명이어야 한다고 규정하고 있는데, 새로운 기술적 창작이라고 하더라도 산업상 이용 가능한 것이 아니라면 특허 받을 수 없다는 의미로 해석된다.

그중 대표적으로 인간의 질병을 진단하거나 수술 또는 치료하는 행위는 산업상 이용할 수 있는 발명이 아니라고 보는 것이 일반적인데, 이는 인간을 치료하는 새로운 기술을 특정인에게 독점시킬 경우 의사들의 임상적 판단을 근거로 하는 치료행위가 위협을 받을 수 있기 때문이다. 그래서 새로운 아이디어가 인체와의 상호작용을 통해 이루어지는 것이고, 실질적인 의료행위를 포함하는 경우라면 산업상 이용가능하지 않다고 취급하고 있다. 물론 인간을 수술, 치료하거나 또는 건강상태를 진단하기 위한 의료기기 그 자체, 의약품은 산업상 이용가능한 발명이라고 간주하므로 특허 받을 수 있는 대상이다.

과연 내 아이디어가
처음일까?

　내가 처음 특허청 심사관으로 발령을 받았을 때 지도심사관에게 가장 먼저 배운 것도 다른 것이 아닌 선행기술에 대한 검색이다. 물론 아이디어맨은 특허심사관과 다르다. 그럼에도 분명 특허공보는 좋은 아이디어 보고이다. 특허공보에는 공개특허공보와 등록특허공보가 있다. 이들에 대해서는 뒤에서 좀 더 구체적으로 설명하기로 한다. 특허공보에는 종래 기술에 있는 문제점, 해결과제, 그리고 창의적인 사고들이 자세하게 기재되어 있다. 여기에는 선진기업들이 어떻게 창의적인 사고를 해나가는지에 대한 훌륭한 사례들이 자세하게 기재되어 있다. 선행기술문헌에는 특허문헌뿐만 아니라, 학교교재, 간행물, 신문 등도 해당된다. 그중에서 특허공보는 아이디어의 보물창고이다.

만약 여러분이 선풍기를 연구하는 연구원이라면 어떻게 해야 할까? 선풍기가 처음 나온 때부터 지금까지 선풍기를 모두 조사해보라. 100년 동안의 전 세계 선풍기가 모두 나타날 것이다. 매 때마다 선풍기를 검색하여 열람하는 것보다는 아예 회사 차원에서 선풍기 관련 특허문헌을 책으로 묶어서 비치해 둠으로써 모든 연구원들이 항상 볼 수 있도록 하는 것이 좋다. 특히 세부 기술 분야별, 또는 출원기업별로 분류해서 연대순으로 자료화하는 것이 바람직하다. 이렇게 책자형태로 한번 만들어 놓으면 매 때마다 검색하는 데 시간을 낭비할 필요가 없고, 그 이후로 새로 공개되는 특허문헌만을 추가하여 관리하면 된다. 종이로 프린트해서 책자로 보관하는 것이 컴퓨터 파일형태보다 메모하기에 좋고 머릿속에 오래 남아 더욱 좋다.

어떤 이들은 연구개발 도중에 새로운 아이디어가 떠오르면 특허출원하기에 앞서 특허문헌을 검색하면 충분하지 않느냐고 되묻기도 한다. 그것도 일리가 있는 말이지만, 그것으로는 부족하다. 평소에 관련 분야의 특허문헌들을 관리하면서 파악하고 있다면 별도로 검색을 할 필요가 없을 뿐만 아니라, 새로운 아이디어를 만들어내는 데도 매우 유용하다. 그러니 연구원이라면 특허문헌자료를 통해서 나타나는 관련분야 기술 및 아이디어들을 가능한 한 많이 파악하고 있을수록 좋다. 그래야 연관성이 없어 보이는 영역의 기술들을 서로 쉽게 연결시킬 수 있을 뿐만 아니라 선진 기업들이 어떠한 방식으로 기술을 개발하는지 별로 어렵지 않게 파악할 수 있으며, 창의적인 기술들을 도출해내는 과정들을 배울 수 있다. 특허공보는 단순한 종래 기술이 아니라 과거 천재들의 상상력이 담겨 있으므로 이것들을 통해 당신의 창의력을 배가시킬 수 있다.

다이슨 선풍기를 예로 들어보겠다. 지금까지 선풍기 시장은 레드오션이었다. 모두 다 더 이상 새로운 기술이 나올 수 없다고 생각했기 때문이었다. 그럼에도 불구하고 다이슨은 날개 없는 선풍기라는 고부가가치 제품을 창출해 냈다. 어떻게 그것이 가능했을까? 어떻게 날개 없는 선풍기라는 개념을 새롭게 탄생시킬 수 있었을까? 물론 그게 불가능한 것은 아니지만 알고 보면 다이슨도 모든 창조적 아이디어를 스스로 만들어내지 않았다. 그들은 이미 특허공보에 공지된 창조적 아이디어들을 살짝 컨닝한 것뿐이다.

스티브 잡스가 특허문헌을 통해서 공지된 다른 사람의 창조적 아이디어를 채용하여 새로운 것을 창조해 낸 것처럼, 다이슨도 오래전에 발행된 일본 공개특허공보에서 날개 없는 선풍기의 개념을 발견했다. 더욱이 일본 출원인은 특허를 받지도 않았고 이미 20년 이상 지났기 때문에 아무도 독점권을 행사할 수 없다는 것을 알았다. 다른 어떤 회사라도 이러한 아이디어에 기초해서 상품화를 시킬 수 있었다. 그런데 오직 다이슨만이 그 일본인의 독특한 아이디어를 자신의 것으로 만들었다. 단순히 채택한 것이 아니라, 차별화하여 특허등록을 받았을 뿐만 아니라, 디자인에 신경을 써서 차별화, 고급화를 시도하였다. 즉 특허공보에 나타나 있는 날개 없는 선풍기의 원형 테두리에 공기역학적 노즐을 창조하여 장착하고 세련된 디자인으로 고급화를 지향하였다.

　다이슨은 종래의 선풍기에 새로운 옷을 입힌 것이다. 이것이 가능했던 것은 공지된 선풍기의 모든 아이디어를 다 꿰뚫고 있었기 때문이다. 왜 그들만 가능한 것인가? 우리도 가능하다. 연구원이라면 자신의 머리만 믿어서는 안 된다. 특허공보를 통해서 역사적인 천재들로부터 아이디어에 대한 힌트를 얻어낼 수 있다는 사실을 기억하자.

서치,
아이디어맨의 핵심 업무다

특허공보를 통해서 과거 천재들의 기발한 상상력을 엿볼 수 있다고 앞에서 설명했다. 하지만 이것으로 끝이 아니다. 특허등록원부를 참조하면 발명자가 누구인지 알 수 있으며, 현재 누가 특허권을 소유하고 있는지, 어떤 권리관계가 형성되어 있는지 등을 알 수 있다. 만약 더 자세한 아이디어를 알고 싶다면, 그 발명자에게 연락을 취해보면 되지 않을까? 발명자가 저 세상 사람이 아니라면 얼마든지 가능하다. 이처럼 출원 전에 존재하는 선행기술을 살펴보는 것은 언제나 중요하다. 자신의 머리만 믿지 말고 타인의 머릿속에 어떤 아이디어들이 있는지에도 관심을 가져보자. 종전의 특허공보를 살펴보는 것을 선행기술조사라고 한다. 그럼 우리는 선행기술조사를 통해서 무엇을 할 수 있는가?

① 착상한 아이디어를 특허출원하기 전에 누군가 동일한 아이디어를 생각하지 않았는지 선행기술을 찾아보자.

② 경쟁사가 특허출원한 아이디어와 동일 유사한 선행기술을 찾아서 특허등록을 차단해 보자.

③ 경쟁사의 아이디어가 이미 특허 등록된 경우라도 이를 무효화시킬 수 있는 선행기술을 찾아보자.

④ 경쟁사의 특허를 회피해서 실시품을 만들고자 할 경우 유사한 대체 아이디어가 공지되어 있는지 선행기술을 찾아보자.

⑤ 원천기술과 개량기술의 흐름을 파악하고 향후 기술개발 방향을 설정하기 위해 선행기술을 찾아보자.

보통 특허에서 선행기술조사는 변리사의 몫이라고 생각한다. 그러나 실상은 그렇지 않다. 변리사는 기술과 법률의 교차점에서 기술에 대한 법률적인 이해가 있는 전문가로서, 출원발명, 특허발명에 있어서 문제가 생겼을 때 빠른 상황 판단에 도움을 주는 이들이다.

결국 선행기술조사는 변리사의 몫이 아니라, 기술을 개발하는 연구개발자, 기술자들의 몫이다. 제아무리 기술상식이 많은 변리사라고 하더라도 서치에 있어서는 특정 분야의 기술전문가를 당해낼 수 없다. ③의 경우에는 위기상황에서 변리사가 기술자들을 대신해서 선행기술조사를 하기도 하지만, 실질적으로 연구원들이 변리사들보다 서치를 더 잘할 수 있어야 한다. 왜냐하면 선행기술조사는 ③과 같이 경쟁사의 특허를 무효화시키기 위해서보다 ①②④

⑤에 해당하는 경우 더 유용하고 필수적이기 때문이다. 연구원들이 평소 ①②④⑤의 선행기술조사를 많이 수행하다 보면, ③과 같은 위기상황에서도 긴급하게 서치를 잘해낼 수 있다. 현재까지는 일반적인 기술들에 대해서 서치를 많이 해 온 변리사들이 연구원보다 서치를 더 잘하지만 이는 주객이 전도된 것이다. 반드시 연구원들은 평상시의 서치활동을 통해서 자신의 기술 분야에서만큼은 누구보다도 선행기술의 계보를 꿰뚫고 있어야 한다.

특허심판이나 특허소송처럼 단기적 위기상황에서 변리사들의 선행기술조사가 빛을 발할 수도 있지만 연구원이나 기술자들이 자신의 관련분야 선행기술들에 대해서 파악하지 못하고 있는 것이 정당화될 수 없다. 그렇기 위해서 회사는 이들에게 연구만 하도록 할 것이 아니라 반드시 선행기술조사를 위한 시간을 보장해 주어야 한다. 새로운 아이디어를 낸다고 머리를 쥐어짜고 있는 것보다는 선행기술을 잘 찾아보면 아주 근사한 아이디어들을 얻을 수 있다. 또한 신기술을 개발했다고 좋아했는데 후에 알고 보니 이미 다른 회사에서 개발해서 특허를 받아 그동안의 노력이 수포로 돌아가는 허망한 사태를 방지할 수 있지 않겠는가?

그럼, 선행기술조사는 어떻게 하는 것인가 하는 의문이 남는다. 물론 간단한 문제는 아니지만, 그렇다고 그리 복잡하거나 그런 것도 아니다. 선행기술조사는 다양한 방법들이 있다. 과거에는 특허문헌들이 정기적으로 발행되는 책자형태로 되어 있었으니, 검색하는 것이 쉽지 않았다. 그러나 이제는 인터넷을 통해서 대부분의 특허공보와 기술자료들을 검색할 수 있으니 한마디로 안방에서 모든 것을 할 수 있는 시대가 아니겠는가? 우선, 선행기술조사를 위해서 컴퓨터 앞에 앉아보자. 앞에서 설명했듯이 선행기술조사란 특허문헌뿐만 아니라 다양한 형태의 공개된 자료를 모두 포함한다.

1. **무료특허문헌**(한국: kipris, 미국: google patent, 일본: J-PlatPat, 유럽: espacenet)

2. **학술자료**(각종 논문, google scholar)

3. **인터넷자료**(게시일이 객관적으로 인정되는 게시물, 게시일을 확인할 수 없는 경우에는 archive.org의 wayback machine로 게시일 확인)

4. 카탈로그 및 기술잡지 등

이렇게 해서 특허와 관련해서 기초단계라고 할 수 있는 선행기술조사에 대해서 알아보았다. 이제 남은 것은 실제로 이를 행해봄으로써 연습하는 것이 필요하다. 아무리 강력한 무기를 가지고 있어도 평소에 사용법을 익혀놓지 않으면 전시에 사용할 수 없는 무용지물이 되는 것처럼 평소에 많은 연습을 통해서 체득할 필요가 있다.

다시 한 번 강조하지만 선행기술조사는 특허분쟁상황에서보다는 일상 시에 습관적으로 행해야 한다. 일상 시에 선행기술조사를 수행하게 되면, 경쟁기업의 특허출원상황을 미리 점검할 수 있게 되고, 경쟁기업의 특허 등록을 사전에 차단할 수 있게 되므로 이롭다. 특허데이터는 매우 방대하다 보니 시간이 많이 소요되므로, 평소에 한 건 한 건 착실하게 찾아보는 것이 현실적이다.

우리 기업은 열악한 환경으로 인해서 선두기업들을 쫓기에 벅차다고 느끼는가? 선두기업을 쫓는 가장 좋은 방법은 선두기업의 특허출원을 면밀하게 검토하는 것이다. 그럼 그들이 고민하는 것을 알 수 있다. 어떤 문제를 가지고 있으며 그 문제를 어떻게 해결하고자 노력하고 있는가를 알 수 있다. 여러분들은 그들이 제시해 놓은 문제해결수단보다 더 탁월한 해결수단을 착안하기만 하면 된다. 그렇다면 선두기업 자리가 뒤바뀌는 것은 시간문제이다.

특허정보의 바다에서
헤엄쳐라

앞에서 강조하였듯이, 자신의 아이디어를 특허로 출원하기 전이나 새로운 연구개발 전 관련기술의 흐름을 파악하기 위해서는 반드시 선행기술조사가 필요하다. 조사대상으로는 다양한 종류의 선행기술자료들이 존재하지만, 가장 중요한 것이 특허문헌이다. 이 특허문헌은 수천만 건이 존재한다. 그럼에도 불구하고 특허문헌은 대체로 일정한 형식의 포맷을 유지한 채로 데이터베이스화되어 잘 관리되기 때문에 그 방대한 양에도 불구하고 상대적으로 검색이 수월하다고 할 수 있다. 하지만 각 나라별로 다른 언어를 사용하여 발행되므로 검색의 장애요인이 되고 있다.

이러한 특허공보의 대표적인 검색방법으로는 키워드로 검색하는 방법과 특허분류코드를 이용하여 검색하는 것이 있다. 물론 이 두 가지를 병행해서 검색하는 것도 가능하고 그럴 때 더 정확한 검색이 가능하기도 하다.

키워드 검색은 일반적인 포털 사이트의 검색과 크게 차이가 없다. 그러나 특허분류를 이용한 검색은 일반인에게는 다소 생소한 것이므로 이에 대해서 좀 더 구체적으로 살펴본다. 특허분류체계는 국제적으로 통용되는 국제특허분류IPC, International Patent Classification가 있고, 거기에 미국이나 일본, 유럽은 각자의 심사업무에 맞게 독특한 특허분류체계를 가지고 있다. 특히 최근에는 미국과 유럽을 중심으로 CPCCooperative Patent Classification가 새롭게 개발되어 이를 특허분류 시스템으로 도입하고 있는 실정이며, 우리나라와 중국도 이 CPC를 채택하는 쪽으로 움직이고 있다.

특허분류체계는 일종의 기술별 분류체계라고 할 수 있는데, 세상에 존재하는 모든 기술을 분류코드에 의해서 트리구조로 분류해놓은 것이다. 그러나 어떤 기술들은 이쪽 분류에도 속하고 저쪽 분류에도 속해서 두 가지 이상의 기술분류코드를 가지는 경우도 수없이 많다. 과거에는 인터넷이나 DB를 이용하여 검색하는 것이 아니라 주로 종이책자 형태로 된 특허공보를 열람하여서 선행기술을 조사해야 했으므로 특허분류에 의해서 검색하는 것이 필수적이었다. 한마디로 키워드 검색이 불가능했다. 그러다 보니 특정 기술을 열람하기 위해서는 중복된 기술분류에 해당하는 특허공보 책자를 한 장 한 장 넘겨가며 모두 열람하는 방식으로 선행기술을 조사해야 했던 것이다. 그러나 이제는 특허DB의 발달로 쉽게 키워드로 검색할 수 있게 됐다. 키워드 검색은 동일한 기술임에도 불구하고 다른 분류코드에 분류되어 있는 경우에도 검색이 가능하다는 이점이 있다.

그러나 키워드 검색도 단점은 있는데, 일반적으로 통용되는 기술용어를 사용하는 경우도 있지만, 그 용어 대신 다른 용어를 사용한 부품의 명칭은 검색이 되지 않는다는 단점이 있다. 그래서 특허분류체계를 이용하여 검색함으로써 키워드 검색의 단점을 해결할 수 있는 것이다. 심사관들 역시 선행기술조사를 수행함에 있어서 키워드를 가장 많이 이용한다. 특히 심사관들은 많은 서치경험으로 어떠한 키워드를 넣어야 하는지 체득하게 되기 때문에 키워드를 정확하게 파악하여 검색한다. 그럼에도 부품의 명칭이 교과서적으로 통일된 경우보다는 그렇지 않은 경우가 많기 때문에 보조적으로 특허분류체계를 겸하여 검색할 필요가 있다.

키워드 검색은 선행기술조사를 직업적으로 할 필요가 없는 일반인들에게 적합한 방법이지만, 키워드를 적절하게 넣지 못하게 되면 검색해야 할 선행기술을 빠뜨리게 되는 위험이 존재하므로 다양한 키워드를 넣어서 검색하는 데 유념해야 한다. 예를 들어서 자동차 헤드램프에 관한 아이디어라고 한다면, 일반인들은 자동차 헤드램프의 특허분류코드를 알려고 하지 않을 것이고, 그 분류코드에 포함된 모든 특허공보를 열람하려고 하지도 않을 것이다. 다만 급한 대로 키워드를 넣어서 관련 기술들을 검색하고자 할 것이다. 그렇다면 키워드로서 헤드램프뿐만 아니라, 그 외에 어떤 단어를 집어넣어야 할까?

  우선적으로 동의어를 포함시켜야 한다. 헤드램프는 외래어이기 때문에 한글 키워드를 찾아야 한다. 뭘까? 전조등이다. 또 없을까? 동의어가 더 없는지 유심히 관찰해야 한다. 헤드라이트는 어떤가? 어떤 이들은 헤드램프라는 용어 대신 헤드라이트라고 부른다. 이들 용어를 모두 +로 연결한 다음, ×로 결합할 아이디어의 내용을 한 단어로 요약해야 한다. 만약 아이디어가 자동차의 회전 방향에 따라서 헤드램프의 각도를 함께 조절하는 것이라면, 키워드는 회전×(방향+각도)가 되어야 할 것이다.

  이러한 경우 최종적인 키워드 검색식은 {(전조등+헤드램프+헤드라이트)×(방향+각도)×회전} 정도로 하면 될 것이다. 검색되는 건수를 관찰해 가면서 키워드를 더 추가하거나 뺄 수 있다. 최적 검색건수는 정해진 것은 없지만 많을수록 좋고 다만 제한된 시간 안에 열람이 가능한 숫자여야 한다. 수백 건 내외가 적당하다고 본다. 물론 정확한 선행기술결과가 얼마나 절박하게 필요하냐에 따라서 더 많은 시간 또는 더 많은 건수를 열람해야 할 수도 있다.

  만약 어떤 특정분야에 종사하는 연구원이나, 기업체의 CEO들은 자신의 업종이 정해져 있으므로 키워드 검색보다는 오히려 특허분류로 검색하여 빠짐없이 검색하고, 키워드 검색은 보조적으로 활용하는 것이 바람직하다고 할 것이다. 물론 심사관도 전문적으로 특정분야를 심사하기는 하지만, 연구원이 특정분야를 연구하는 만큼 특정분야만을 오랫동안 심사하는 것이 아니고, 다양한 기술분야를 동시에 심사해야 하기 때문에 특허분류만으로 선행기술조사를 하는 것이 어렵다.

　국제특허분류의 구성을 살펴보면, A~H까지 알파벳으로 가장 큰 분류를 가리켜서 섹션이라고 부른다. A섹션은 생활필수품이고, B는 처리조작, 운수에 관한 것이고, C는 화학, 야금에 관한 것이며, D는 섬유, 지류에 관한 것이고, E는 고정구조물에 관한 것이고, F는 기계공학, 조명, 가열, 무기, 폭파에 관한 것이고, G는 물리학에 관한 것이고, H는 전기에 관한 것이다.

　예로, 자동차 전조등은 B60Q1/04인데, B는 운수, 60은 일반차량이다. 그런데, F에도 조명이 있다는 것을 알 수 있다. B에 차량용 조명이 포함된 것이라면, F에는 일반 조명이 포함된 것이다. 따라서 원칙적으로 F에는 차량용 조명이 포함되어 있지 않아야 하지만 실제로는 그렇지 않다. 자동차용 전조등이 B60Q에도 분류되어 있고, F21에도 분류되어 있다는 것을 확인할 수 있다. 그렇다면 자동차 전조등을 연구하는 회사라면 당연히 두 가지 분류를 모두 철저하게 검색해 봐야 하지 않겠는가?

　그 외에도 더 있다는 것에 주의해야 한다. 실제로 전조등이나 헤드램프를 키워드로 해서 검색해보면, 이 두 가지 분류 외에도 다른 분류들에 속해 있는 경우를 종종 발견할 수 있다. 이는 전조등에 관한 것이지만 다른 부분에 특징이 있는 경우에는 그 특징부에 맞게 분류를 하였기 때문에 발생하는 것이다. 만약 특별한 구조를 가진 조도센서에 의해서 자동으로 전조등이 온오프 되는 것이라면 전조등으로 분류될 수 있지만, 동시에 조도센서의 구조에 관한 것이므로 조도센서에 분류되어 있을 수도 있기 때문이다. 이와 같이, 검색은 수많은 경험과 시행착오를 통해서 키워드와 관련 분류들을 확인하면서 점점 더 정확한 검색에 도달할 수 있는 것이다. 연구원들이 직접 이러한 흥미로운 선행기술검색의 세계로 들어와야 한다.

출원에서부터 등록까지,
전체적인 흐름 이해하기

특허문제를 이해하기 위해서 가장 먼저 전체적인 절차를 볼 필요가 있다. 그리고 그보다 앞서 특허업계에서 자주 사용되는 법적, 실무적 용어들에 먼저 익숙해야 할 필요가 있으므로, 기본적인 용어들을 살펴보자.

출원(File an application): 출원이라는 용어는 타 분야에서 사용하지 않는 용어이다. 이는 일본에서 온 용어로서, 간단히 '신청Application'과 동일한 의미를 가지는 용어로 이해하면 된다. 출원서에 출원인과 발명자의 인적사항을 기재하고 이에 발명의 내용이 기재된 '명세서'를 첨부하여 특허청에 제출함으로써 출원이 이루어진다. 따라서 '특허 출원중'은 '특허 신청서를 제출한 상태'라는 뜻으로, '특허 등록'과는 전혀 다른 절차에 해당한다. 일단 출원이 이루어지면 특허청으로부터 출원번호를 부여받게 되는데, 출원번호는 출원의 종류에 따라서 아래와 같이 구별되어 표시된다.

특허출원번호: 10–출원년도–일련번호

실용신안출원번호: 20–출원년도–일련번호

디자인출원번호: 30–출원년도–일련번호

상표출원번호: 40–출원년도–일련번호

이제는 출원번호만 보고도 어떠한 종류의 지식재산권 등록출원에 관한 것인지, 그리고 언제 출원한 것인지 정보를 얻어낼 수 있을 것이다. 즉, 제품이나 간판 등에 이러한 형식의 번호가 기재되어 있다면, 이는 출원중이라는 의미로 이해하면 된다.

명세서: 특허출원서에 첨부하는 서류로서, 발명의 기술적인 내용을 기재한 것이다.

선행기술(선행발명): 해당 특허출원 이전에 이미 공지된 기술을 가리키며, 선행기술은 국내외 특허공보뿐만 아니라, 게재된 시점을 확인할 수 있는 인터넷 게시물에 나타난 것도 포함한다.

심사청구: 특허청은 모든 특허출원에 대해서 특허등록 여부를 심사하는 것이 아니라, 심사청구와 더불어 심사청구료를 납부한 건에

대해서만 심사를 진행한다. 즉, 출원인은 특허출원에 대해서 선택적으로 심사청구를 할 수 있다는 의미이다. 예를 들어 타인이 특허를 등록받지 못하도록 방어적인 차원에서 기술 공개를 목적으로 출원하는 경우에는 심사청구를 하지 않을 수 있고, 시장 및 사업 전개상황을 지켜보면서 심사청구를 할지 천천히 결정할 수 있으며 심사청구를 하더라도 법으로 정해진 기간 내에 하기만 하면 된다.

출원공개(공개특허공보)**:** 원칙적으로 모든 특허출원은 출원일로부터 1년 6개월 이후에 공개특허공보의 형식으로 공개되며 각각에 대해서 공개번호가 부여된다. 다만 출원인이 자신의 발명을 특별히 빨리 공개하기를 희망하는 경우에는 조기공개신청도 가능하다. 다만 조기공개신청으로 인해서 불이익이 발생할 수도 있으므로 조기공개신청을 하기 전에는 반드시 전문가와 함께 신중하게 검토해야 한다. 단순 방어목적으로 출원하는 경우에는 조기공개를 하는 것이 더 바람직하다.

공개특허공보에는 각각 공개번호뿐만 아니라 특허출원번호도 별개로 기재되어 있다. 특허공개번호와 특허출원번호는 동일한 방식으로 부여되기 때문에 번호만으로는 출원번호인지 공개번호인지 구분할 수 없다. 다만 10-연도-일련번호 앞에는 출원번호 또는 공개번호라고 명시되어 있으므로 이를 보고 구분하면 된다.

의견제출통지서: 심사관은 출원발명을 심사하고 등록을 거절할 이유를 발견하였을 때에는 거절이유를 기재한 의견제출통지서를 발

송한다.

의견서 및 보정서: 출원인은 심사관의 의견제출통지서에 대응하여 거절이유에 반박하는 의견서를 제출하거나, 이와 함께 거절이유를 해소할 수 있도록 명세서에 대한 보정서를 제출할 수 있다.

등록(등록결정): 심사관은 의견서와 보정서를 참작하여 심사 결과 더 이상 거절할 이유를 찾지 못하면 등록결정을 하면 되고, 출원인은 등록결정서를 받은 후 지정된 기간 안에 최소 3년 치의 등록료를 납부함에 따라서 등록이 이루어진다.

등록공고(등록특허공보): 출원인이 특허등록절차를 마치면 특허청은 해당 특허출원이 등록되었음을 인터넷을 통해서 공고하게 되는데, 이때 최종 보정이 반영된 명세서를 등록특허공보에 게재하게 된다. 그래서 등록일과 등록공고일은 1~2주 정도의 시간적 차이가 발생한다. 최근 특허심사기간 단축으로 종종 출원공개(1년 6개월) 이전에 등록결정 및 등록이 이루어지는 경우가 있는데, 이때는 공개특허공보가 없이 바로 등록특허공보만이 존재하게 된다. 이때 각각의 지식재산권에 주어지는 등록번호는 형식이 아래와 같다.

특허등록번호: 10-누적일련번호

실용신안등록번호: 20-누적일련번호

디자인등록번호: 30-누적일련번호

이를 보면 등록번호는 출원번호나 공개번호와 달리 연도표시가 없이 누적된 일련번호를 가지는 것이다. 그러므로 연도표시가 없는 등록번호를 보면 해당 출원이 이미 등록된 것임을 알 수 있다.

거절결정: 앞에서 설명한 것처럼, 심사관은 거절이유가 발견된 경우 의견제출통지서를 발송하고, 이에 출원인은 의견서와 보정서를 심사관에게 제출한다고 했다. 심사관은 제출된 의견서와 보정서에 의해서 다시 심사하게 되고, 이를 통해서도 전에 발견된 거절이유가 해결되지 않았다고 판단하는 경우에는 거절결정을 하게 된다.

재심사청구 및 거절결정불복심판청구: 심사관으로부터 거절결정을 받은 출원인은 세 가지 중 하나의 선택을 할 수 있다. 첫째, 거절결정에 승복해서 절차를 마무리한다. 둘째, 출원 명세서를 다시 보정하여 재심사를 청구한다. 셋째, 특허심판원에 거절결정불복심판을 청구한다(물론 재심사신청에도 불구하고 심사관으로부터 동일한 거절결정을 받은 경우에도 특허심판원에 거절결정불복심판을 청구할 수 있다).

또한 정상적인 방법은 아니지만 위법한 방법도 아니라서 흔히 사용하는 또 다른 방법이 해당 출원을 분할하는 방법이다. 즉, 거절결정을 받은 특허출원은 청구범위를 그대로 유지하면서 거절결정불복심판을 청구하는 동시에, 감축한 청구범위에 의해서 분할출원을 하여서 새로운 분신分身을 만들어 놓아 새로운 심사단계를 거치는 것이다. 기존의 넓은 청구범위와 감축한 청구범위 두 가지로 판단을 받을 수 있는 이점이 있다. 이는 일반적으로 외국 다국적 기업들이 주로 사용하는 방법으로서, 비용이 이중으로 들어가지만 절대 놓칠 수 없는 기술에 대해서 취하는 조치이다.

등록무효심판청구: 타인의 기旣 등록된 특허라도 타당한 무효이유 (거절이유)가 존재한다고 믿는다면 이해관계인은 특허심판원에 그 증거와 함께 '특허등록무효심판'을 청구할 수 있다.

심결: 특허심판원의 심판관은 거절결정에 대한 불복심판청구 및 등록권리에 대한 무효심판청구가 있는 경우 그 이유가 타당한지를 살펴서 그 청구를 받아들이거나 또는 기각하는 심결을 하게 된다.

소 제기 및 판결: 특허심판원의 심결에 대해서 다시 불복하는 자는 특허법원에 소를 제기할 수 있고, 특허법원은 원고의 청구를 받아 들이거나 또는 기각할 수 있다. 또한 특허법원의 판결에 불복하는 자는 대법원에 상고할 수 있으며, 대법원도 상고인의 청구를 받아 들이거나 또는 기각하게 된다.

특허제도의 룰

　모든 운동경기는 각 경기에 맞는 룰이 존재하고 그 룰에 따라서 진행된다. 각 선수나 팀은 모두 그 룰을 존중하고 심판의 판정에 승복함으로써 멋진 경기가 펼쳐진다. 이처럼 특허의 절차도 룰에 따라서 진행된다. 특허심사관은 개별 특허출원에 대해서 심사를 하여 최종적으로 등록결정 또는 거절결정을 하게 된다.

　심사관이 특허출원을 거절하는 이유 중 대부분의 경우가 등록요건과 관련된 문제이다. 즉 등록요건에 부합되지 않는다고 판단하여 거절결정을 하는 것이다. 대표적인 등록요건으로는 ① 특허대상요건, ② 명세서 기재요건, 그리고 ③ 선원성(먼저 출원된 아이디어만이 등록된다는 요건), 신규성 및 진보성 요건(이미 공개된 아이디어는 등록될 수 없다는 요건)이 있다. 심사관이 등록결정을 하게 되면 아무런 문제가 없겠지만 심사관의 '거절결정'에 대하여 출원인이 그 결정을 인정하지 않는 경우가 종종 발생하게 된다.

특히 진보성의 판단결과는 항상 논란이 된다. 출원인과 심사관이 가지는 등록요건에 대한 심리적 기준이 서로 다르기 때문이다. 출원된 발명의 새로운 정도에 따라서 출원인은 등록요건에 부합한다고 여길 것이고, 반대로 심사관은 등록요건에 부합하지 못한다고 여길 수 있다. 이러한 등록요건에 대한 견해 차이로 인해서 출원인은 심사관의 거절결정에 대해서 독립적인 판단을 받기 위해서 심판을 의뢰하게 된다. 이것이 거절결정불복심판청구이다. 거절결정을 한 심사관과 특허출원인 사이에 다툼이 생긴 것이므로 일명 '결정계'사건이라고 부른다.

이와 달리 심사관이 해당 출원에 대해서 등록요건을 다 갖추었다고 판단하여 등록결정을 하고 적법하게 등록이 이루어졌으나, 이해관계인인 제3자가 그 특허가 등록요건에 부합되지 않는다는 이유로 특허등록결과에 대해서 이의를 제기하고 나서는 것이 등록무효심판청구이고 이를 '당사자계 사건'이라고 부른다.

특허권자(A)의 특허발명과 제조업자(B)의 유사한 제품이 서로 다툼의 원인이 되는 경우, 제조업자(B)의 제품생산이 특허발명의 권리범위를 침해하게 되는지 아닌지에 대해서 확인해 볼 수 있는 권리범위확인심판이 존재하는데, 이 또한 특허심사관의 결정과 관계없이 양 당사자들 사이의 다툼에서 기인한 것이므로 이 또한 '당사자계 사건'에 포함된다.

특허법에 대한 주관부서는 특허청이지만, 그렇다고 하더라도 특허청만이 특허에 관련된 주무부서라고 할 수 없다. 특허제도는 특허청에 의해서 운영되지만, 실제 논란이 되는 문제들은 특허법원과 대법원에 의해서 최종적인 판단이 확정이 되므로, 친親특허정책이나 반反특허정책은 법원의 판단에 따라서 방향이 크게 바뀌게 된다. 마치 미국 레이건 정부 때에 연방순회항소법원CAFC과 연방대법원이 특허권자를 보호하는 판단을 함에 따라서 친 특허로 정책방향이 흘러간 것과 같다.

결정계 사건(등록결정, 거절결정에 관한 사건)

• **특징:** 출원인과 특허청(심사관)과의 사이의 다툼이며, 이 다툼은 일반적인 3심제의 적용을 받는다. 1심의 심판Judge은 특허심판원 심판관, 2심의 심판은 특허법원 판사이며, 3심의 심판은 대법원 판사가 담당한다.

당사자계 사건(등록무효, 권리범위확인에 관한 사건)

• **특징:** 특허권자와 제3의 이해관계인의 다툼이며, 이에 대한 심판Judge도 결정계 사건과 동일하다.

특허심판원은 정부조직상으로는 특허청 소속으로 되어 있고 인사상 교류를 하고 있다. 그러나 특허심판원은 제1심 행정법원에 해당하며 준準사법기관의 성격을 가진다. 또한 특허심사관의 결정에 대하여 옳고 그름을 독립적으로 판단한다. 특히 3명의 심판관 합의체로 구성되는 특허심판원 심판부는 심사관의 거절결정 이유와 출원인의 불복 이유 사이에서 심도 있게 심리를 진행하게 된다. 그러므로 특허출원을 해서 특허청 심사관의 거절결정에 대해서 납득할 수 없다고 한다면, 특허심판원에 불복심판을 청구할 수 있고 특허심판관으로부터 공정한 판단을 기대할 수 있다.

만약 특허심판원의 판단결과인 심결에 대해서도 납득하지 못한다면, 특허법원에 소를 제기할 수 있다. 특허법원에서는 소를 제기한 원고, 그리고 특허청장을 대신하여 소송을 수행하는 소송수행자가 법정에 서게 된다. 특허법원의 모든 사건은 재판장, 주심판사와 부심판사로 구성되는 3인에 의해서 심리가 이루어지며, 기술심리관은 재판부의 기술 이해에 도움을 주게 된다. 기술심리관 제도는 특허사건의 특이성을 반영한 우리나라의 고유한 제도이다.

특허라는 쟁점을 두고 하는 이 경기는 혼자 치르는 것이 아니라 항상 상대가 존재한다. 때로는 경쟁자와 협력을 하기도 하고 때로는 펀치를 날려서 경쟁자를 쓰러뜨리기도 해야 한다. 이 모든 것은 룰에 따라서 해야 하며, 룰을 잘 이해하고 있지 못한다면 경기에서 승리할 수 없다. 경쟁자와의 룰뿐만 아니라 아울러 심판과 대화하는 룰도 중요하다.

출원 전에 알아야 할 특허상식

특허등록
3가지 기본요건

특허문제와 관련해서 개인 발명가나 기업의 가장 큰 관심사항은 나(또는 自社)의 아이디어가 특허 받을 수 있는 요건을 갖추고 있는가 하는 것이다. 또한 타인(또는 경쟁사)이 어떠한 아이디어에 대해서 특허를 출원하였고, 이들의 등록가능성은 얼마나 되는지 하는 것이다.

기본적으로 어떠한 발명이든 특허로 등록되기 위해서는 크게 3가지 요건을 충족해야 한다. 첫째는 그 아이디어가 특허 대상이어야 한다는 것이고, 둘째는 누구보다도 먼저 착안한 새로운 아이디어야 한다는 것이며, 셋째는 명세서를 제대로 기재하여 작성해야 한다는 것이다. 그 밖에도 다른 요건들을 충족해야 하지만, 주로 문제되는 것은 이 세 가지이므로, 먼저 이들에 대해서 중점적으로 살펴본다.

1) 특허를 받을 수 있는 대상이어야 한다

아이디어는 다양하다. 물건에 대한 아이디어가 있을 뿐만 아니라, 사업 아이디어가 있고, 각종 학술적인 아이디어가 있으며, 멋진 캐릭터에 대한 아이디어가 있을 수 있다. 그런데 모든 아이디어가 다 특허를 받을 수 있는 것은 아니다. 특허의 대상은 아이디어가 자연법칙을 이용한 것이고, 유용한 목적을 달성하는 것이어야 한다.

대표적으로 알고리즘과 같은 수학공식 자체는 특허의 대상이 아니다. 예로 피타고라스의 법칙은 그 자체로 수학법칙이므로, 피타고라스가 이러한 원리를 발견하였다고 하더라도, 이는 특허의 대상이 되지 않는다. 하지만 누군가 이 피타고라스 정리를 이용하여 토지를 측량하는 방법을 개발하였다면 기술적 효용성이 인정되어 특허의 대상이 된다.

또한 새로운 유통 및 경영 아이디어 등은 자연법칙을 이용한 것이 아니므로 그 자체만으로는 특허를 받을 수 없고 다만 그것이 컴퓨터 시스템이라는 장치와 연결될 때 특허대상이 되기도 하지만, 최근에는 일명 BMBusiness Model특허의 등록률이 매우 낮다.

인체를 대상으로 하는 환자의 치료방법 자체는 특허를 받을 수 없다. 이는 자연법칙을 이용한 것임에도 불구하고 치료방법을 개

발한 사람의 이익보다 공공의 이익을 중시하는 윤리적인 문제가
반영된 이유이다. 물론 환자의 치료를 위해서 사용되는 장치나 물
질 등은 특허가 가능하다.

앞에서 언급한 대로 캐릭터 자체는 미술창작물이라고 할 수 있
으므로, 특허로서 보호받는 것이 아니라 통상 저작권으로 보호가
된다. 다만 이러한 캐릭터를 상업적으로 이용하기 위해서 상표로
등록하거나 또는 캐릭터의 모양을 특정 물건에 입혀서 디자인권으
로 보호를 받을 수도 있다.

2) 세계 최초로 공지된 아이디어여야 한다

심사관은 출원된 아이디어가 이미 누군가에 의해서 알려진 것인
지를 조사하게 된다. 이를 실무용어로 출원발명이 선행기술에 비
하여 신규성과 진보성이 있어야 한다고 말한다. 신규성 요건과 진
보성 요건은 서로 다르면서도 매우 깊은 관련성을 가진다.

먼저 신규성이 있다고 하는 것은 출원발명이 선행기술에 비하여
신규한 것, 즉 새로운 것이라는 의미이고, 진보성이 있다고 하는
것은 출원발명이 선행기술과 비교하여 차이점이 존재하여 신규성
이 있다는 것을 전제로 하며, 그 차이점으로 인해 부가적으로 쉽게
예상할 수 없는 현저한 효과를 가진다는 의미이다. 여기서 출원발
명이 선행기술과 동일한지, 진보된 것인지를 비교할 때 유의해야
할 점은 출원발명의 명세서나 도면에 나타난 아이디어를 선행기술
과 대비하는 것이 아니라, 명세서 중 '청구범위'에 기재된 아이디

어를 선행기술과 대비해야 한다는 점이다. 아무리 출원인의 발명이 명세서와 도면에 나타나 있다고 하더라도 '청구범위'에 기재되어 있지 않다면 선행기술에 비하여 두드러진 특징이라고 인정받지 못하기 때문이다.

만약 서로 다른 사람이 하루 차이로 동일한 발명을 출원하였다면 어떠할까? 당연히 하루 먼저 출원한 사람만이 등록을 받을 수 있다. 다른 말로 선원先願주의라고 말한다. 곧 선원주의라는 것은 서로 다른 출원인이 근소한 시간 간격을 두고 선후로 출원한 경우에 먼저 출원한 자에게만 특허권을 부여한다는 원리이다.

일반적으로 심사관은 출원인의 발명을 거절할 때 공지된 문헌을 근거로 신규성 및 진보성이 없다고 판단하지만, 만약 선출원이 아직 공개되지 않는 경우에는 신규성 및 진보성으로 후출원을 거절할 수 없다. 앞에서 설명했듯이 통상 출원부터 공개까지는 1년 6개월이 걸리기 때문이다. 즉, 아래 그림과 같이 선출원의 발명이 공개되기 이전이라면 아무리 동일한 발명이라도 신규성이나 진보성을 비교할 수 없다. 그렇다고 하더라도 동일한 후출원의 발명에 대해서 특허를 내줄 수 없기 때문에 선출원만이 특허를 받을 수 있다는 규정이 존재하는 것이다.

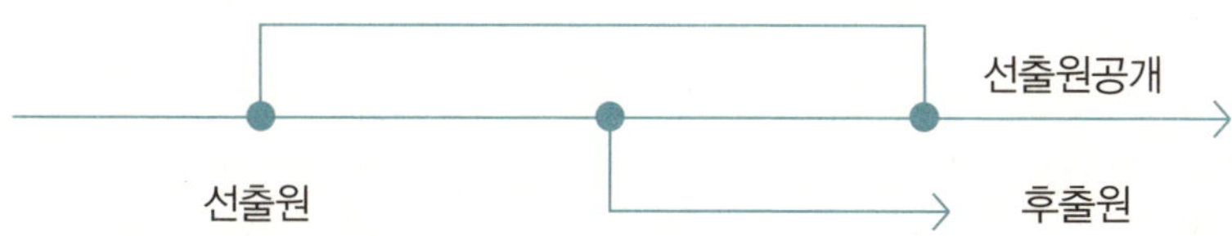

만약 동일 날짜에 서로 다른 사람이 동일한 발명을 출원했다면 서로 협의를 해야 하고, 협의를 통해서 어느 하나가 포기하지 않으면 둘 다 특허를 받을 수 없게 된다.

3) 명세서는 기재요건에 따라서 기재되어야 한다

명세서 기재요건이란 쉽게 말해서 명세서가 명확하게 기재되어야 한다는 것이다. 명세서는 크게 발명의 설명과 도면(도면이 없는 경우도 있다) 그리고 청구범위로 구성되어 있다.

'발명의 설명'과 '도면'은 발명을 세상에 공개하는 역할을 하고, '청구범위'는 특허가 가지는 권리의 보호 울타리를 규정하는 역할을 한다. 발명의 설명과 도면은 새로운 발명을 공개하기 위한 '기술설명서'로서 역할을 하기 때문에 당업자라면 누구라도 이 부분을 읽고서 쉽게 발명을 따라 할 수 있을 정도로 기재해야 한다는 원칙에 부합해야 하고, '청구범위'는 '권리범위'를 보여주는 '권리서'로서의 역할을 하기 때문에 불명료해서는 안 된다.

특히 '청구범위'는 발명이 특허로 등록된 이후에 특허의 보호범위(울타리)를 결정하는 부분이므로, 등록되기 전에 신중하게 작성할 필요가 있다. 출원인은 청구범위를 자신의 재량에 따라서 기재할 수 있는데, 청구범위를 어떻게 기재하느냐에 따라서 완전히 다른 보호범위를 가지게 되므로 이 기재를 위해서 가장 많은 시간을 고민해야 한다.

신규성,
선행기술과 동일하지 않아야 한다

신규성의 판단은 출원명세서의 청구항에 기재된 발명과 선행기술의 구성을 대비하여 양자의 구성의 일치점과 차이점을 추출하여서 판단한다. 아래에서 몇 가지 경우로 나누어서 각각의 경우에 신규성 판단이 어떻게 달라지는지 살펴보자.

a) 출원발명이 선행기술에 비하여 널리 사용되는 일부 구성을 생략한 것에 해당하는 경우

선행기술 A+B+C	출원발명 A+B

간단한 예로서, 출원발명은 미세모 칫솔에 관한 것이고, 이 출원 이전에 공지된 것으로 발견된 선행기술에는 손잡이에 지압돌기가 구비된 미세모 칫솔에 관한 것이라고 가정하자. 그래서 출원발명은 손잡이에 지압돌기가 없는 점을 제외하고는 미세모 칫솔이라는 점에서 동일한 것이다.

선행기술은 A(미세모 솔) + B(손잡이) + C(지압돌기)

출원발명은 A(미세모 솔) + B(손잡이)

그렇다면 출원발명은 선행기술의 손잡이에서 지압돌기(C)를 생략함으로써 지압돌기가 가지는 효과가 없어질 뿐 그 외에 예상하기 어려운 효과가 나타나는 것이 아니라면 이는 널리 알려진 일부 구성을 단순히 제거한 것에 해당되어 출원발명은 선행기술과 실질적으로 동일하다고 보고, 신규성이 없다고 말한다.

b) 출원발명이 선행기술의 상위개념인 경우

<table>
<tr><td>선행기술
A+B+c</td><td>출원발명
A+B+C</td></tr>
</table>

출원발명은 엔진의 출력축(A)과 에어컨의 입력축(B)을 동력전달수단(C)으로 연결하여 에어컨의 구동 동력을 얻는 것인데 그 이전에 발견된 선행기술의 문헌에는 엔진의 출력축(A)과 에어컨의 입

력축Ⓑ을 회전풀리와 벨트ⓒ에 의해서 연결하여 에어컨의 구동 동력을 얻는 기술이 공지되어 있었다고 가정하자.

이때 동력전달수단Ⓒ은 회전풀리와 벨트ⓒ의 상위개념이라고 하고, 그 반대로 회전풀리와 벨트ⓒ는 동력전달수단Ⓒ의 하위개념이라고 한다. 상위개념은 하위개념을 포괄하는 의미를 가지고, 하위개념은 상위개념의 구체적인 실시형태라고 할 수 있다.

만약 모든 다른 구성이 동일하고 위 예와 같은 차이만 있는 경우에도 출원발명은 선행기술과 동일하다 또는 선행기술에 비하여 신규성이 없다고 말한다. 선행기술이 기재된 문헌에는 회전풀리와 벨트ⓒ라고 하는 구체적인 구성이 이미 공지되어 있는데, 출원발명은 상위개념인 동력전달수단을 포함하여 청구하고 있다면, 출원인은 이미 공지된 것보다 더 넓은 것을 자신보호영역으로 달라고 구하는 것이기 때문에 그 요구는 받아들여질 수 없는 것이다.

하지만 반대로 생각해서 만약 선행기술문헌에는 동력전달수단이라고 하는 상위개념이 기재되어 있고, 출원발명에는 하위개념으로서 구체적인 동력전달수단이 포함된 것이라면 양 발명은 동일한 것이라고 보기 어렵다. 왜냐하면 동력전달수단에는 '회전풀리와 벨트' 외에도 다른 종류의 동력전달장치들이 많이 있기 때문에 출원발명은 선행기술과 동일하다고 할 수 없다. 이러한 경우에는 보통 진보성 영역에서 판단을 받아야 한다. 즉, 다양한 동력전달수단들 중에서 용이하게 생각해서 선택할 수 있는 것인지에 대해서 판단을 해야 한다.

진보성,
선행기술보다 개선되어야 한다

진보성 요건은 신규성 요건을 확장한 것이다. 과거 진보성이라는 개념이 없던 시절에는 동일하지만 않으면 사소한 차이라도 심사관은 특허등록결정을 해야만 하는 딜레마에 빠졌었다. 그러한 문제를 해결하기 위해서 출원발명과 선행기술의 차이가 미미한 것이라면 거절결정을 할 수 있도록 규정을 만든 것이다.

신규성과 진보성은 심사관이나 변리사들에게는 익숙한 개념이지만, 출원인들에게는 다소 생소하거나 혼동되는 개념이다. 어떤 출원인은 자신의 발명이 전에 없던 새로운 것은 아니므로 신규성은 없지만, 종전보다 진보된 것이므로 진보성이 있다는 식으로 말하기도 한다. 말이 되는 것 같지만 사실 논리적으로 앞뒤가 맞지 않는다. 왜냐하면 '출원발명이 선행기술에 비하여 신규성이 있다.'

고 하는 것은 '선행기술과 다른 새로운 아이디어'라는 뜻이 아니라, 소극적인 의미로서 '선행기술과 동일하지 않다.'는 것을 의미한다. 그러므로 기본적인 아이디어(기술사상)가 동일하다고 하더라도 구체적인 실현수단인 구성이 동일하지 않으면 일단 신규성은 있는 것으로 취급된다.

그래서 당신의 아이디어가 선행기술과 동일하여 신규성이 없다면 당연히 진보성도 없는 것이지만, 선행기술과 상이하여 신규성이 있다고 하더라도 반드시 진보성이 보장되는 것은 아니다. 다시 말해 특허등록을 받기 위해서는 구성상의 차이점이 존재하고, 그 차이점으로 인해서 선행기술에 비하여 개선된 것이라고 인정되어야 한다.

신규성 X –〉 진보성 X (신규성이 없으면 당연히 진보성도 없다)

신규성 O –〉 진보성 O or X　(신규성이 있더라도 진보성이 있을 수도 있고, 없을 수도 있다)

i) 사례 1

구체적인 예를 들어보자. 종래의 컴퓨터 마우스는 우클릭버튼(A)과 좌클릭버튼(B)이 존재했다. 그런데 여기에 새롭게 휠(C)을 부가하였고 이러한 구성에 의해서 화면상의 스크롤바에 의하지 않고서도 화면을 쉽게 위아래로 이동시킬 수 있는 새로운 작용효과를 가지게 되었다면 진보성을 인정할 수 있는 근거가 되는 것이다.

선행기술
A+B

출원발명
A+B+C

즉, 출원발명은 선행기술에 비하여 구성C를 추가하였고, 이로써 새로운 작용효과를 갖게 되거나, A+B가 가지는 효과를 현저하게 증가시키는 것이라면 진보성이 있는 것으로 인정된다.

ii) 사례 2

선행기술
A+B+C

출원발명
A+B+C'

출원발명이 선행기술의 일부 구성을 C → C'와 같이 변경한 것을 제외하고 모든 구성이 동일한 경우는 어떠할까? 만약 이러한 변경에 따라서 예측하기 곤란한 새로운 작용효과를 가지거나 종전에 있던 효과를 현저하게 향상시키는 것이라면 진보성이 있다고 한다.

iii) 사례 3

출원발명이 선행기술 1과 선행기술 2에 각각 나누어서 공지되어 있는 경우에는 어떠한가?

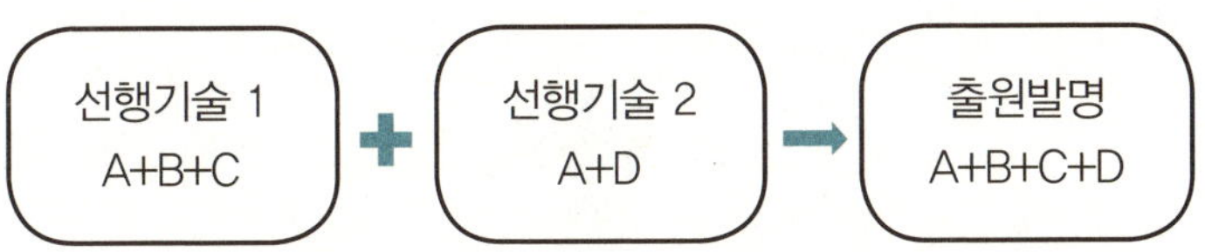

선행기술 1, 2는 기술 분야가 동일하고 A가 포함되는 점에서는 동일하지만, 각각 다른 목적을 위해서 B, C를 포함하거나, D를 포함하는 것이다. 이러한 경우, 발명자가 B, C에 의해서 달성되는 두 가지 기능 외에 D에 의해서 달성되는 다른 기능을 모두 포함하는 출원발명을 착안하였다면, 이는 진보성이 없는 것으로 판단될 가능성이 높다.

왜냐하면, 선행기술 1, 2는 기술 분야가 서로 동일하거나 인접한 분야이고 더 많은 기능을 가지도록 하기 위해서 A, B, C의 선행기술 1에 선행기술 2의 D를 단순 결합한 것이라면, 출원발명은 이러한 선행기술 1, 2의 결합으로부터 용이하게 착안할 수 있는 것으로 되어 진보성이 없다고 판단된다.

즉 유기적으로 변화되는 결합이 아닌 단순 결합인 경우에는 선행기술의 문헌 수가 3개 이상이 되더라도 단순결합으로 취급되어 진보성을 인정받을 수 없게 된다. 이와 달리 이들의 결합이 단순결합이 아니라 유기적이면서도 복합적인 결합에 의해서 달성되는 것이라면 진보성이 인정될 가능성은 높아진다.

이상과 같이 신규성과 진보성의 개념에 대해서 간략하게 살펴보았다.

신규성과 진보성에 대한 논쟁

신규성과 진보성을 따지는 것은 매우 민감한 문제이다. 특히 명세서의 '청구범위'에 기재된 발명과 선행기술을 대비하여 기술적 진보가 있는 것인가를 평가하는 진보성은 판단자마다 차이가 있다. 물론 아주 훌륭한 특징이 있는 것이거나 아주 단순한 구성의 차이라면 이에 대한 진보성 판단 결과는 사람마다 많이 차이가 나지 않겠지만, 진보성을 인정할 것인지 부정해야 할 것인지에 대해서 종종 서로 다른 판단의 결과가 나오기도 한다.

다시 말해서 진보성을 인정하는 기준은 매우 추상적이므로 주관적인 판단이 개입될 여지가 많다. 좀 더 객관적인 판단기준 마련은 전 세계 특허청의 고민이기도 하다. 진보성이라는 용어는 우리 특허법에 규정된 용어가 아니지만 실무를 통해서 널리 사용되는 용어이다. 하지만 유럽은 진보성Inventive step이 법 규정에 사용되는 것이다.

한편 미국에서는 법 규정상 자명성obviousness이라는 용어를, 일본에서는 용이 상도성容易想到性(용이하게 착안할 수 있음)이라는 용어를 사용한다. 우리나라는 법적으로는 일본과 같이 발명을 착안하는 것이 용이한지 여부에 따라서 특허성을 판단하는데, 실무적으로는 유럽과 같이 진보성이라고 표현하기도 하고, 미국과 같이 '자명하다'라고 표현하기도 한다.

심사관은 당신이 출원한 발명을 그 이전에 공지된 선행기술과 대비해 볼 때, 구성별로 대비하여서 동일한 부분과 다른 점을 구분한 다음, 그 다른 점이 자명(당연)한 정도의 것인지, 법적인 표현으로는 '용이한 것인지'를 살펴서 특허의 진보성에 대한 판단을 한다.

구체적으로 우리나라에서는 '구성의 곤란성'과 '효과의 현저성'이라는 두 가지 관점을 종합적으로 검토해서 진보성을 판단한다는 대법원의 입장이 널리 적용되고 있다. 이렇듯이 진보성이 있는지 없는지 하는 것은 객관적인 수치로 나오는 것이 아니라 개선된 발명의 기술적 의의에 대한 판단자의 가치판단에 의해서 결정되므로, 그 판단이 완전히 객관적이 되는 것은 현실적으로 불가능하다.

미국 특허청에서는 서로 다른 선행기술을 결합하여 출원발명의 진보성을 부정할 때 TSM라고 불리는 판단기준을 사용하고 있다. 이는 판단자(심사관)의 주관적인 생각을 배제하기 위한 것이다. 출원발명에 나타난 기술적 특징이 2개 이상의 선행기술에 나누어져 나타나 있더라도, 이들 선행기술이 서로 결합할 것에 대해서 지침, 시사 또는 동기가 명시되어 있지 않다면 심사관은 TSM_{Teaching, Suggestion, Motivation} 판단기준에 의해서 특허를 거절할 수 없도록 한 것이다.

그러나 문제는 이러한 TSM 판단기준이 만능이 아니라는 것이다. 종종 당신의 발명과 선행기술에 차이점이 있다는 것이 인정되고 이들의 결합의 동기가 선행기술문헌에 나타나 있지 않더라도 그러한 차이점이 너무 자명하다거나 당연한 것이라고 취급되는 경우에는 등록이 안 되는 경우도 적지 않다. 그럼에도 불구하고 여전히 TSM 진보성 판단기준은 미국 특허청에서 심사관의 주관성을 배제하는 기본적인 척도로 활용되고 있으며, 다른 특허청에서도 진보성 판단에서 중요한 잣대로 활용하고 있다. 여기에 더하여 각국의 특유한 진보성 판단기준들이 가미되고 있는 것이 심사실무라고 해야 할 것이다.

다시 한 번 진보성을 판단하는 심사기준들을 종합하여 설명하면, 가장 기본이 되는 기준은 TSM이고, TSM에 의해서 진보성을 부정할 수 없을지라도 거기에 더하여 너무 당연한 것이거나 의미 없는 차이점인 경우에는 진보성을 부정할 수 있다고 보면 된다.

그러므로 여러분은 출원을 시도하기 전에 심사관이 당신의 발명에 대해서 심사하는 것과 같이 미리 심사시뮬레이션을 해보는 것이 바람직하다. 즉, 자신의 발명과 가장 근접한 선행기술문헌을 조사하고 이들을 서로 대비하는 과정을 통해서 서로의 차이점이 무엇이고 이러한 차이점들이 TSM에 의해서 어떻게 나타나는 것인지를 살펴 진보성 판단을 극복할 수 있을지 예상해 볼 필요가 있다.

특허출원 전에는
아이디어를 절대 공개하지 말라

종종 발명자들은 특허출원에 대한 생각을 하지 않은 상태에서 자신의 기발한 아이디어를 알리는 경우가 있다. 아마도 기가 막힌 아이디어를 말하지 않으면 입이 근질근질하게 되는 것 같다. 아이디어를 시제품으로 만들어서 판매하기도 하고, 박람회에 출품하기도 하며, 학회에 발표하기도 한다. 최근에는 인터넷이나 SNS 등에 올리는 경우가 많다. 그리고 뒤늦게 아이디어를 먼저 특허출원해야 했는데 하며 후회한다.

자신의 발명을 공개한 후에 특허출원하는 것은 매우 바람직하지 않은 상황이다. 물론 특허법에서는 출원 전 자신이 공개한 아이디어를 보호하는 제도가 운영되고 있지만, 이는 완전한 보호방법이 아니다. 가장 좋은 방법은 어떠한 이유에서든지 특허출원 전에는 결단코 먼저 공개하지 않는 것이다.

　특허법에서는 '공지예외규정'이라고 하여 특허출원 전에 자신의 발명을 공개한 경우에 대해서도 일정 요건을 갖추기만 하면 '출원 전 공지가 아닌 것'으로 보아 특허를 받을 수 있도록 하고 있지만, 실제 이러한 제도적 보호를 받을 수 있다고 장담하기 어렵다. 왜냐하면 이 '공지예외규정'은 자신이 출원 전에 공개한 행위에 대해서만 적용이 될 뿐, 다른 사람이 공개한 행위에 대해서는 적용되지 않기 때문이다. 경우에 따라서 쉽게 해결할 수 없는 상황에 이르게 된다. 특허출원 전에 무의식적으로 한 공개행위로 인해서 뒷날 크게 자신이 손해를 입을 수 있다는 것을 염두에 두기 바란다. 특허법의 '공지예외규정'은 이미 엎질러진 문제를 사후적으로 해결하는 수단으로 활용해야 하지, 특허출원을 미루는 핑계수단으로 활용하지 말라는 이야기다. 다만 이에 대한 지식이 없어서 자신의 부주의로 인해서 아이디어를 출원 전 공개해버렸다고 하더라도 미리 단정 짓고 낙담하거나 출원을 포기해 버릴 필요는 없다. 그럼, '공지예외규정'에 의해서 보호받을 수 있는 조건은 어떠한 조건인가?

1. 자신의 공개행위가 있었더라도 1년 내에 특허출원해야 한다.

2. 특허출원서의 '공지예외 적용'이라는 체크박스에 체크하는 것을 잊지 말아야 한다.

3. 이와 함께 그 공개행위에 해당하는 증거자료를 첨부하여 함께 제출한다.

4. 자신의 공개행위에 의해서 특허출원이 거절되지 않는다는 것을 뜻하는

것이지 출원일을 자신의 공개시점으로 소급하여 인정해 주는 것은 아니다. 따라서 그 공개행위와 특허출원 사이에 누군가 동일한 발명을 공개하였다면 그것까지 공지예외로 인정해주는 것은 아니라는 것을 유념해야 한다.

이러한 '공지예외 적용' 제도를 '신규성 의제' 규정이라고도 부르는데, 공지가 되었지만 신규성이 있는 것과 같이 인정한다는 취지이다. 미국에서는 이러한 1년 기간을 은혜의 기간Grace Period이라고 부른다. 한마디로 발명을 공개한 실수가 있었지만 은혜로 봐주는 기간이라는 뜻이다. 이러한 제도는 모든 발명자가 현실적으로 자신의 발명에 대해서 완전하게 비밀로 유지하였다가 특허로 출원하는 것이 어렵다는 점을 반영한 것이다. 이러한 예외를 인정하지 않을 경우 발명의 공개가 신속하게 이루어질 수 없고 결과적으로 국가산업 발전을 저해한다는 측면을 고려한 것이다.

특히, 최근에는 개인사업자나 발명가들이 자신의 사업 준비를 하면서, 또는 개인박람회 및 전시회 등에 발명을 출품하면서 불식간에 자신의 발명을 공개하는 경우가 있다. '공지예외 적용'제도를 통해서 이러한 우려를 어느 정도 해결할 수 있다. 그렇지만 1년이 지나지 않았다고 하더라도 공개된 이후로 출원일까지 시간적으로 동떨어진 경우 누군가에 의해서 발명이 공개되거나 출원될 가능성을 전혀 배제할 수는 없으므로 불찰로 인한 발명의 공개가 있은 이후라도 가능한 빨리 특허출원할 것을 권한다.

특허출원명세서는
어떻게 작성해야 하는가?

누구나 새로운 아이디어를 순간순간 떠올리면서 살아간다. 그러다가 정말 괜찮은 아이디어라고 생각되는 순간 하루빨리 특허출원을 해야 한다는 생각에 사로잡힌다. 그 순간부터 마음이 조급해지고 어떻게든 다른 사람이 출원하기 전에 빨리 해야 한다는 성급한 마음에 가슴이 콩닥거리기까지 한다. 문제는 이 기발한 아이디어를 어떻게 특허명세서로 풀어 쓸 것인가 하는 점이다.

첫째, 명세서의 앞부분에는 배경기술, 종래기술, 종래기술의 문제점을 기재한다. 즉, 내가 특허출원하고자 하는 아이디어가 어떤 기술 분야에 속한 것인지와 그 기술 분야에서 일반적인 기술형태를 소개함으로 시작할 필요가 있다. 그리고 구체적으로 자신의 발명을 착안하게 된 종래기술이 가지는 문제점을 지적해주면 된다. 여기서 종래기술은 일반적으로 선행기술조사에 따라서 확인된 것을 요약해서 작성하면 되는데, 종래기술은 특허공보만을 의미하는 것은 아니므로 다양하게 자신이 개선하고자 했던 기술에서 문제점 부분을 부각시켜 기재해주면 좋다.

대부분의 초보들은 이 종래기술 부분에서 명세서의 반 이상을 기재한다. 왜냐하면 평소 종래기술의 문제점에 대해서 가장 많이 생각했기 때문이다. 그러나 나는 이 부분은 A4용지로 1장 정도면 충분하다고 생각한다. 물론 종래기술이 하나가 아니고 여러 개 있을 경우 이 부분에 대한 기재가 좀 더 늘어날 수는 있다. 또한 종래기술의 문제점에서는 추상적인 언어들로 문제점을 지적하기보다 실질적으로 종래기술이 가지는 한계를 기재함으로써 자신의 발명이 가지는 장점 내지 효과를 부각시켜 기재할 수 있다. 즉, 종래기술의 문제점이 또렷할수록 자신의 발명의 장점이 두드러지게 된다.

특히나, 현대에 있어서 발명이라 함은 완전히 새로운 개척발명이라기보다는 대부분 종래의 발명들을 개선한 것인 소위 개량발명이 많다. 이러한 개량발명은 쉽게 특허성을 인정받기가 어려울 수 있다. 그래서 어떤 출원인들은 유사한 종래기술을 명세서에 기재하지 않으려는 경향이 있다. 이는 종래기술에 대한 기재가 오히려 자신의 개량발명이 특허 받는 데 걸림돌로 작용할 것이라고 여기기 때문이다. 그러나 필자는 반대로 생각한다. 오히려 가장 근접한 종래기술을 적시하고 이 종래기술이 가지는 문제점을 해결하였다고 하는 점에서 해결과제 및 해결수단을 명확하게 적시하면 심사관은 다른 동일한 선행기술에 의하지 않고서는 쉽게 진보성을 부정하지 못하기 때문이다. 방이 어두울수록 빛은 더욱 눈부시다.

둘째, 해결과제의 구체적인 수단, 즉 '과제해결수단'에 대해 기재하는 것이다. 앞에서 언급한 종래기술의 문제점을 발견하고 또한 이를 해결할 수 있는 핵심적인 열쇠Key가 무엇인지에 대해 기재함으로써 자신이 착안한 발명의 핵심적인 기술사상이 무엇인지 설명하는 것이다. 그러나 종래기술의 문제점이 여러 가지라면 핵심적인 해결수단도 하나만 존재하는 것은 아니다. 핵심적인 해결수단이 있는가 하면 그 발명을 더 좋게 하기 위해 부가된 작은 해결수단들도 존재할 수 있다. 그러므로 과제해결수단이라는 항목에는 핵심적인 큰 열쇠뿐만 아니라 작은 열쇠들도 함께 간단히 기재해 두는 것이 좋다. 왜냐하면 심사과정에서 그 핵심적인 해결수단이 이미 공지된 것이라는 점이 드러날 경우, 아무것도 주장할 수 없으면 안 되기 때문이다. 핵심적인 해결수단이 이미 타인에 의해서 공지된 경우라면 그보다 작은 특징들에 관한 작은 해결수단을 가지고 특허성을 주장할 수 있는 길을 마련해 두어야 한다는 것이다.

외국의 다국적 기업들은 이러한 점에서 있어서 매우 능숙하다. 특히 그들은 특유한 해결수단을 찾아내는 데 발명자가 얼마나 많은 각고의 노력을 하였는지에 대해서 명세서에 담아내려고 한다. 특히 실패의 사례들을 열거하면서 자신의 발명이 쉽게 착안될 수 있는 것이 아님을 자랑한다. 그럼으로써 심사관으로부터 지지를 받을 수 있다고 생각하기 때문이다. 미국 특허청에서는 이러한 발명자들의 노력에 대해서 가벼이 여기지 않는 경향이 있다. 발명가들의 창의성을 존중하는 문화가 바탕에 깔려 있다 보니 심사과정에서나 소송 중에서라도 발명가의 노력은 항상 존중받는다. 그러므로 기왕 명세서를 작성할 바에는 종래기술의 문제점들을 해결하기 위해서 발명가가 기울인 노력과 시행착오들을 명세서에 담아내어 기재하는 것은 중대한 출원전략 중 하나라고 할 것이다.

무엇보다 여기서의 해결과제는 다음에서 살펴볼 구체적인 실시예와 달리 좀 더 상위개념의 해결원리를 제시하는 형식으로 기재하는 것이 좀 더 바람직하다. 실제 다양한 발명의 구체적인 실시예를 포괄할 수 있는 청구범위를 작성하기 위해서는 발명에 대한 명확한 이해가 선행되어야 한다. 발명의 원리를 제대로 이해하지 못하고 청구범위를 작성하게 되면 권리범위가 너무 좁게 설정될 수가 있다는 점에 유의해야 한다.

셋째, 구체적인 실시 예를 기재하는 항목이다. 이 부분은 가장 일반적인 부분으로서 자신이 착안한 핵심적인 해결수단을 적용한 사례를 장치나 물건의 구조에 의해서 설명하는 부분이다. 또한 장치나 물건의 발명에서는 도면을 가장 먼저 작성하고 도면에 따라서 구체적인 실시 예를 작성하는 것이 편리할 때가 많다. 발명을 이루는 구체적인 구조를 기재하는 것뿐만 아니라, 발명의 각 구성들이 어떠한 상호유기적인 결합관계를 가지고 있는 것이고, 작동 시에 어떠한 원리에 의해서 작동되는지, 그리고 나아가 이들의 작용에 의해서 어떠한 유익한 효과를 발휘하게 되는지에 대해서 가능한 구체적으로 기재해야 하는 것이다.

　넷째, 청구범위를 작성한다. 청구범위는 등록 이후에 권리의 보호범위를 기재하는 항목으로서 가장 중요하다고 여겨지는 부분이다. 그러므로 가장 많은 시간을 투자해서 고민해야 하는 부분이므로 다음에 좀 더 구체적으로 살펴보기로 한다. 발명의 설명 부분에 기재된 것과 똑같은 내용을 반복해서 청구범위에 기재해야 하는 것을 이상하게 여기는 이도 있다. 그러나 실상 발명의 설명 부분과 청구범위 부분은 서로 목적이 다른 것이다. 발명의 설명부분은 기술을 공개하기 위한 것이고 청구범위는 발명의 보호범위를 규정하는 것이다. 특허의 권리범위에 의해서 보호받을 수 있는 것은 발명의 설명부분을 통해서 공개한 기술사상 안에서 가능한 것이므로 청구범위와 발명의 설명 부분이 중복되는 것은 당연한 것이다. 만약 청구범위에 기재된 내용이 발명의 설명부분에 기재되어 있지 않다면, 보호받고자 하는 내용을 공개하지 않는 것이 되어서 명세서의 작성에 하자가 있는 것이라 하여 거절이유에 해당하게 되고 심사관으로부터 의견제출통지를 받게 된다.

　이상과 같이, 특허출원 명세서를 작성하는 요령에 대해서 간략하게 알아보았다. 이러한 기재요건을 고려하여 손수 작성해보는 것도 추천할 만하다. 다만 개인이나 회사의 운명을 좌우할 만한 중요한 발명에 대해서는 전문가를 통해서 작성하거나 사정이 여의치 않아 직접 작성했다면 전문가를 통해서 검수 받을 것을 권장한다.

특허청구범위란
무엇인가?

통상 재산은 타인이 그 영역을 침범하는 것을 금지하도록 경계가 존재하는데, 동산과 부동산은 대체로 그 경계가 분명해서 특별한 경우를 제외하고는 권리의 침범 여부로 곤란을 겪는 경우가 흔히 발생하지는 않는다. 그러나 특허는 지식이므로 그 침범 여부가 명확하지 않다.

제임스 와트는 응축기를 실린더 외부에 별도로 설치한 증기기관을 개발하여서 특허를 받았는데, 그때도 그의 경쟁자들은 응축기를 다른 방식으로 설치한 것까지 자신의 특허라고 하는 제임스 와트의 주장에 대해서 반발하였다. 특히 그때는 청구범위라는 것이 없이 명세서의 내용과 도면에 의해서 권리범위를 파악했기 때문에 권리범위가 명세서와 도면을 어떻게 보느냐에 따라서 달라질 수 있어서 더욱 그러하였다.

미국 특허청은 명세서와 도면만으로 특허의 경계를 짓는 것이 불가능하다는 것을 인식하고 1836년 대대적인 특허법 개정을 단행하였는데, 그때 근대적 의미의 특허심사제도를 갖추면서 청구범위를 기재하도록 하는 제도를 도입하였다. 미국 특허공보는 명세서의 마지막 부분에 청구범위Claim가 기재되고, 대한민국 특허공보는 명세서의 앞 또는 뒷부분에 기재되어 있다.

통상 청구범위는 1개 이상의 청구항을 포함하도록 기재된다. 그중 어느 하나의 청구항이 거절이유를 포함하고 있다면 거절이유를 포함하는 청구항만 거절되는 것이 아니라, 출원 전체가 등록을 받을 수 없게 된다. 그러므로 출원인은 심사관이 통지한 거절이유를 해소하도록 보정을 행해야 함에 유념해야 한다.

〈도면〉

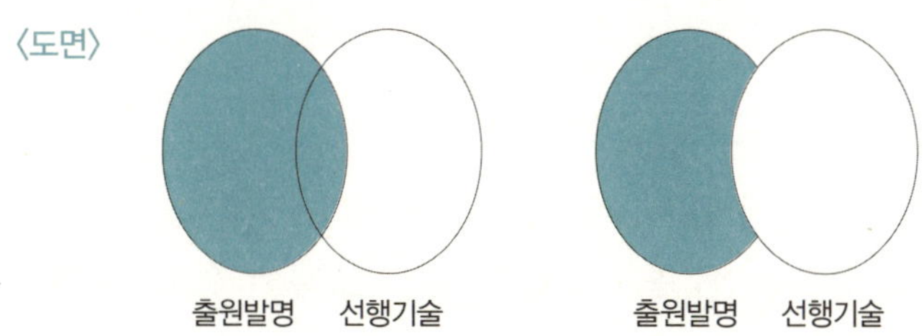

하나의 청구항이 포괄하는 청구범위를 선행기술과 대비하여 쉽게 이해할 수 있도록 도시하면 위 도면과 같다. 만약 출원발명의 청구항에 기재된 발명의 범위가 선행기술의 내용과 중첩되는 것이라면, 심사관은 출원인에게 거절이유를 기재한 의견제출통지를 할

것이고, 출원인은 심사관의 거절이유에 대응하여 자신의 출원발명이 선행기술과 구분될 수 있도록 중첩되는 권리범위를 제거하는 보정을 행할 수 있다.

개별 청구항은 각 구성들의 유기적인 결합관계에 의해서 보호범위가 형성되는 것이므로, 구성이 많을수록 구성 간의 유기적 결합관계가 복잡하게 되기 때문에 청구범위는 좁아진다. 반면, 구성이 적을수록 구성 간의 유기적 결합관계가 간단해지기 때문에 청구범위는 넓어진다고 할 수 있다. 간단한 예를 들어서 설명하여 보겠다.

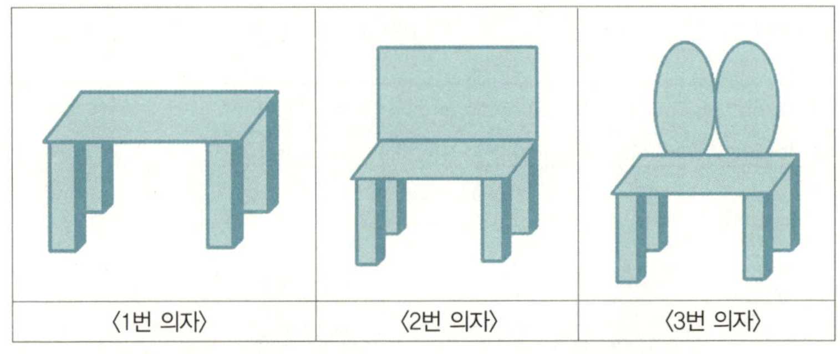

1번 의자: 3개 이상의 다리부와 이들 다리부에 의해서 지지되는 엉덩이 받침부를 포함하는 것을 특징으로 하는 의자

2번 의자: 3개 이상의 다리부와 이들 다리부에 의해서 지지되는 엉덩이 받침부 그리고 등받이부를 포함하는 것을 특징으로 하는 의자

3번 의자: 3개 이상의 다리부와 이들 다리부에 의해서 지지되는 엉덩이 받침부 그리고 양쪽 요추부를 지지하도록 분할된 등받이부를 포함하는 것을 특징으로 하는 의자

이 청구범위들 중에서 어느 것이 가장 권리범위가 넓다고 할 수 있을까? 당연히 1번 의자의 청구범위가 넓게 해석된다. 왜냐하면 1번 의자는 등받이부의 유무와 관계없이 다리부와 엉덩이 받침부가 포함되어 있는 모든 의자를 포함하는 범위를 가지기 때문이다. 2번 의자는 다리부와 엉덩이 받침부, 등받이부를 모두 구비하고 있고 이들이 유기적으로 결합된 모든 의자를 포괄하는 범위를 가지고, 3번 의자는 다리부와 엉덩이 받침부를 구비하고 등받이부가 양쪽 허리를 지지하도록 하는 분할된 구조로 가지는 의자를 포괄하는 범위를 가진다. 그러니 권리범위의 크기는 1번 의자≫2번 의자≫3번 의자의 순서를 가지게 된다.

만약 여러분이 이 모든 의자를 동시에 발명한 것이라면 1번 의자를 청구항 1에 기재하고, 2번 의자를 이를 인용하도록 청구항 2에 기재하고, 3번 의자는 또한 2번 의자를 인용하도록 기재할 수 있다. 즉

청구항 1: 3개 이상의 다리부와 이들 다리부에 의해서 지지되는 엉덩이 받침부를 포함하는 것을 특징으로 하는 의자

청구항 2: 제1항에 있어서, 사용자의 등허리부를 지지할 수 있는 등받이부가 더 부가된 것을 특징으로 하는 의자

청구항 3: 제2항에 있어서, 상기 등받이부는 사용자의 양쪽 등허리부를 분할하여 지지하도록 분할된 구조를 가지는 것을 특징으로 하는 의자

라는 식으로 기재할 수 있다. 이때 청구항 1은 '독립항', 청구항

2는 청구항 1의 의자에 등받이부가 부가된 '종속항'이고, 청구항 3은 청구항 2의 등받이부를 분할된 구조로 한정한 '종속항'이라고 할 수 있다. 그 외에도 앞 독립항을 인용하는 방식은 위 예와 같은 경우에만 가능한 것이 아니라, 다양한 방식으로 인용하는 것도 가능하므로 이러한 인용방식에 대해서 다양한 사례들을 참작하기를 바란다.

청구항 1, 2, 3을 각각 독립항 형식으로 기재해서 모든 구성을 다 기재할 수도 있지만, 위에서와 같이 종속 청구항 기재형식을 이용하면 중복된 부분의 기재를 생략할 수 있으니 훨씬 편리한 기재방식이라고 할 수 있고 실무적으로 대부분 이러한 기재방식을 따르고 있다.

특허청구범위에 대한
더 깊은 이해

　강한 특허를 만드는 핵심기술은 '특허청구범위'의 작성과 깊은 관련이 있다. 강한 특허를 설계하기 위해서는 공지기술에 대한 완전한 검색과 더불어 경쟁자가 생각해낼 수 있는 회피방법들에 대해서도 깊이 있게 생각해 보아야 한다. 이 두 가지 중 어느 하나를 소홀히 하게 되면 강한 특허를 만들 수 없게 된다.

　출원인은 특허심사를 받을 때는 청구범위를 좁게 감축하여 보정함으로써 어떻게 해서든지 특허를 받고자 한다. 그러나 이렇게 등록된 특허는 특허권을 행사할 때 권리범위가 협소하여 권리행사를 제대로 할 수 없게 될 가능성이 크다. 또한 협소한 권리범위를 가진 특허는 경쟁자가 쉽게 피해갈 수 있을 것이므로, 그 특허는 무용지물인 것이다. 이미 등록된 특허의 청구범위는 감축하여 정정할 수 있을 뿐 변경하거나 확장하도록 정정할 수는 없으므로, 심사 단계에서 어떻게 청구범위를 설계하여야 특허 등록이 용이하면서도 타인이 그 보호범위를 쉽게 회피할 수 없도록 할 것인지에 대해서 깊이 생각해야 한다.

앞에서 말했듯이 명세서에 청구범위를 기재하는 제도는 원래 미국에서 유래된 것으로서, 청구범위로부터 특허의 보호범위를 해석하는 원칙 또한 미국에서와 같이, 필수구성요소 완비의 원칙All element Rule에 따라서 해석한다. 필수구성요소 완비의 원칙이란 하나의 청구항에 기재된 발명은 각 구성이 개별적으로 보호를 받는 것이 아니라, 각 구성들이 유기적인 결합에 의해서 형성된 전체가 하나의 발명으로서 보호를 받는다는 의미이다.

그러므로 하나의 청구항을 작성할 때는 꼭 필요한 구성요소들 위주로 포함시켜야 하고, 선택적으로 부가하거나 한정할 수 있는 사항들은 종속 청구항 형식으로 기재하는 것이 지혜로운 것이다. 만약 청구항에 불필요한 구성을 필수구성요소로 포함시킴으로 인해서 권리범위가 좁아진 것에 대해서는 출원인 자신에게 책임이 있으므로 다른 누구를 탓할 수 없는 것이다.

특허법 제97조에서도 '특허의 보호범위는 청구범위에 적혀 있는 사항에 의하여 정하여진다.'라고 명시되어 있고, 실무적으로도 청구범위에 기재된 대로 권리범위를 해석하고 있다. 그러므로 우리나라 특허실무에서 적용하고 있는 특허의 권리범위는 청구항에 기재된 모든 구성이 유기적으로 결합되어 전체로서 하나의 발명을 이루는 것이기 때문에, 어느 한 가지라도 생략된 경우에는 원칙적으로 그 보호범위가 미치지 않는다고 본다. 다만 경쟁자가 나의 특허발명과 유사한 제품을 생산한다고 가정할 때, 두 가지 경우를 생각할 수 있다. 첫째는 내 특허의 청구항에 기재된 구성 중 일부 구성을 생략하는 경우이고, 둘째는 일부 구성을 변경하는 경우이다.

실제 있었던 하나의 사례를 들어 청구항 기재의 중요성에 대해서 설명해 보고자 한다. 나의 특허가 아래와 같다고 가정하자.

청구항 1: 발광소자를 광원으로 하여 발광하도록 함으로써 광고를 수행하도록 하는 광고 장치에 있어서, 일정 형상의 형틀과 상기 형틀 내면에 1차적으로 도포되어 발광소자의 빛을 반사시키는 1차 에폭시 및 아크릴 재질과 상기 1차 에폭시 및 아크릴 재질의 상방에 설치된 발광소자가 묻히도록 도포되어 발광소자의 빛을 분산시키는 2차 투명 에폭시와 상기 2차 투명 에폭시의 상면에 배치되어 빛의 발광이 원활하게 이루어지도록 하는 3차 에폭시를 포함하여 구성된 것을 특징으로 하는 실내외 광고장치

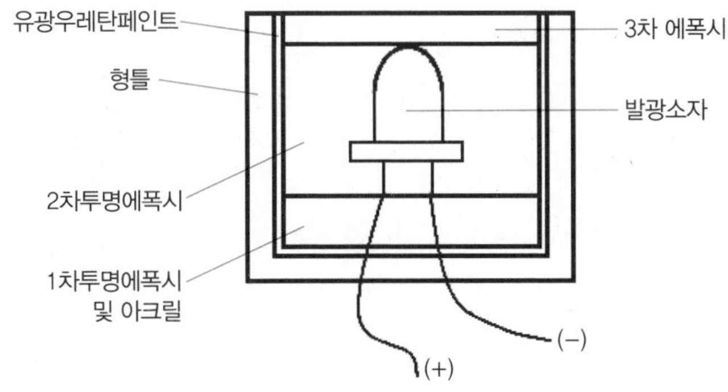

　도면을 참조해서 청구항 1을 이해하면, 나의 특허인 청구항 1은 형틀(프레임) 가장 아랫면에 1차 에폭시 및 아크릴, 다음으로 2차 투명 에폭시, 다음으로 3차 에폭시로 적층 도포된 것인데, 2차 투명 에폭시에 발광소자가 매몰된 것이다.(도면에서는 유광 우레탄 페인트가 형틀 내부에 먼저 도포되는 것으로 도시되어 있지만, 청구항 1에는 포함된 구성이 아니므로 이에 대해서는 고려할 필요가 없다)

　그런데 경쟁사가 생산하는 광고장치용 모듈은 '1차 에폭시 및 아크릴'이 아닌 '아크릴을 생략한 1차 에폭시'층으로 된 것이라고 가정하자. 이러한 경우, 경쟁사의 광고장치용 모듈은 내 특허의 보호범위에 속하여 침해가 될까 ? 그렇지 않을까 ?

　앞에서 설명하였듯이 필수구성요소 완비의 원칙All element rule에 의하여, 청구항의 모든 구성요소는 필수적인 것으로 취급되어서 이들 중 어느 하나가 경쟁자의 실시품에 생략된 경우 그 실시품은 내 특허의 권리범위에 속하지 않는 것으로 간주될 수 있다. 이 사건에서 원래 출원인의 의도는 '1차 에폭시 및 아크릴'이 아니라 '1차 에폭시 또는 아크릴'이었을지 모르지만 청구범위는 다른 사람이 아닌 출원인에 의해서 작성된 것이므로, 그 책임은 모두 출원인에게 있는 것으로 보아 아크릴이 생략된 경쟁사의 제품은 특허발명을 침해하지 않은 것으로 인정되었다. 결국 특허권자는 특허를 받았지만, 청구범위 작성에 주의를 기울이지 않았고 그로 인해서 얼마나 큰 경제적 손실을 입었을지 짐작할 수 있다. 이 사례를 통해서 볼 때, 청구범위 작성이 얼마나 중요한지를 새삼 깨닫게 된다.

그러나 문제는 모든 특허 침해 사건들이 명확하게 침해인지 아닌지가 판단되지 않는다는 것이다. 특허발명의 일부구성이 생략된 생략발명을 실시하는 것은 특허발명의 권리범위에 속하지 않는다고 보는 것이 일반적인 관례인데, 이러한 권리범위 해석원칙을 그대로 적용하기가 어려운 경우도 많다.

만약 특허발명의 '1차 에폭시 및 아크릴'과 경쟁사의 실시품의 '1차 에폭시'를 대비할 때, 경쟁사의 실시품은 특허발명에서 '아크릴'층이 생략된 것이 아니라, '1차 에폭시 및 아크릴'층이 경쟁사의 실시품의 '1차 에폭시'층으로 변경된 것으로 본다면, 생략이 아니라 변경에 의한 균등침해에 해당한다는 논리로 주장할 수 있기 때문이다. 이 균등침해 이론은 특허의 보호범위를 판단할 때 매우 중요한 이론이지만 이해하기가 매우 까다로운 관계로 자세한 내용은 생략하기로 한다. 다만 최소한 이러한 균등침해의 존재에 대해서 이해하고 있어야 적절한 대응이 가능하므로 간단히 소개만 해두고자 하는 것이다.

출원 후에 알아야 할 특허상식

심사기간은
왜 이렇게 오래 걸리나?

특허출원인들이 가장 궁금해하는 것은 언제쯤 자신의 발명이 심사를 받게 되는가, 언제쯤 등록결정을 받을 수 있는가 하는 것이다. 1990년대만 하더라도 3년 이상이 걸렸다. 출원인들에게 3년이 걸린다고 하면 기겁을 하며 무슨 심사를 그렇게 꼼꼼하게 하기에 3년이나 걸리냐며 의아하게 여겼다.

솔직하게 말해서 심사를 3년 동안 하는 것이 아니라 3년간 대기를 하는 것이다. 한마디로 3년 동안 줄을 서는 것이다. 물론 이것은 우리나라만의 문제가 아니다. 전 세계 모든 특허청의 문제이다. 출원일로부터 1년 6개월이 경과하면 출원을 공개하는 출원공개제도는 이러한 심사적체문제를 부분적으로 해소하기 위한 일환이었다. 출원공개공보는 출원발명에 대한 심사를 받기 전에 미리 기술을 공개함으로써 타인의 중복투자 및 중복연구를 차단하기 위한 것이다. 즉, 출원공개제도는 출원인을 위한 제도가 아니라 일반 공중을 위한 제도이다.

왜 하필 1년 6개월일까? 만약 너무 빨리 출원을 공개하게 되면, 심사를 받을 때까지 너무 오랫동안 공개된 상태가 되므로, 출원인에게 불이익을 초래할 수 있게 되고 너무 늦게 출원을 공개하게 되면 출원공개의 의미가 퇴색되기 때문이다. 이러한 의미에서 출원공개제도는 특허제도를 이용하고 있는 대부분의 나라에서 필수적인 제도로서 활용되고 있는 것이다.

그러나 이제 우리나라에서는 이러한 출원공개제도의 취지가 퇴색되고 있는 것이 사실이다. 왜냐하면 심사적체기간이 1년 정도로 단축되고 있기 때문이다. 여러 번의 거절이유통지 및 보정서 제출 등에 의해서 심사가 반복되는 경우를 제외하고는 출원공개공보가 발행되기 이전에 최종적인 심사가 끝나기 때문이다.

우리 특허청의 특허심사기간은 세계에서 가장 빠르다. 출원일로부터 1년 정도면 심사결과가 나온다. 1년이 무슨 빠른 것이냐고 말하면 할 말이 없다. 그러나 미국을 비롯한 선진국들은 여전히 2~3년 정도는 기다려야 하는 것과 비교하면 세계에서 가장 빠르다고 단언할 수 있다. 빠른 특허심사가 항상 좋은 것만은 아닐 수 있지만, 기다리는 조급한 출원인 입장에서는 나쁠 이유가 없다. 특히 당장 발명으로 사업을 시작해야 하는 중소기업의 입장에서는 더욱 그러하다.

미국 특허청도 심사적체로 인해서 골머리를 앓고 있다. 오바마 대통령은 에디슨 시절에는 7주 만에 특허가 나왔는데, 요즘은 3년을 기다려야 한다고 하소연하며 미국 개정 특허법AIA, America Inventor Act에 사인했다. 하지만 지금과 에디슨 시절을 단순 비교할 수는 없지 않은가? 당시에는 출원 건수라고 해봐야 몇 건 되지도 않았고, 서치 및 대비해야 할 기술자료들도 매우 적었기 때문이다. 출원한 지 7주 만에 특허결정을 하더라도 전혀 놀랍지 않았다. 그러나 지금은 상황이 전혀 다르다. 특허출원 건수가 많다고 무작정 심사 처리량을 늘릴 수만은 없다. 특허심사관 한 사람이 일 년에 처리할 수 있는 심사 건수는 대략 정해져 있다. 그러므로 특허출원 건수가 총 심사 가능 건수(일 인당 처리 가능 건수×심사관 수)를 초과하게 된다면, 심사관을 증원하든지 아니면 심사관 한 사람당 심사 건수를 늘리든지 해야 한다. 그렇지 않으면 심사적체기간이 늘어나게 된다. 너무 당연한 것이 아닌가? 현재 미국도 특허심사관을 계속 증원하고 있지만, 특허출원 증가율을 따라가지 못하고 있다. 하지만 각국의 특허청은 특허심사관을 증원하는 데 어려움을 겪고 있다. 유럽 특허청은 갑작스러운 심사관 증원으로 심사 품질이 많이 떨어졌다는 비난을 받고 있다. 대부분의 국가에서 특허청 심사관은 공무원이므로 정원을 무작정 늘리지 못하는 것도 그 이유 중 하나이다.

우리나라는 이제 출원 건수의 정체기를 맞이하고 있다. 그에 비하여 미국이나 유럽, 중국은 여전히 출원 건수가 증가하고 있다.

특허출원 건수가 증가하고 있다는 것은 제조업을 기반으로 하는 연구개발이 활기를 띠고 있다는 증거이다. 우리나라도 미래를 생각한다면 제조업에 근간을 둔 연구개발이 지속적으로 이루어져야 하고 강한 특허를 많이 만들어 내야 한다.

특허심사관은
어떤 사람들인가?

누구나 특허심사관 하면 떠오르는 과학자가 있다. 세계적인 물리학자, 알버트 아인슈타인이다. 그는 1879년에 태어났고 1905년에 특수상대성 이론을 발표했으니 약관의 나이에 물리학자로서 세계를 놀라게 한 셈이다. 당시 그는 스위스 베른에 있는 특허국에서 특허를 심사했다고 한다. 천재물리학자였던 아인슈타인은 특허심사관 업무를 구두 닦기와 같은 일이라고 표현했다고 하는데, 당시 그에게 있어서 특허심사는 아마도 너무 쉬운 일이었는지 모른다. 그러나 아인슈타인이 오늘날 특허청에 온다면 그 말을 취소해야 할 것이다. 오늘날의 특허심사는 그때처럼 그리 만만한 일이 아니다. 아인슈타인이 일할 당시에 비하여 특허출원 건수는 상상할 수 없을 만큼 증가했고 심사관 한 명이 매달 처리해야 하는 심사 건수와 수많은 기술문헌들을 검토하기에는 시간이 너무 촉박하다.

우리나라 특허청의 심사관 인력풀은 세계 어디에 내놔도 손색이 없다고들 한다. 박사들 비율도 세계에서 가장 높고, 심지어는 세계인명사전에 등재된 과학자들도 다수 있다. 발명의 특허 여부를 심사하는 데 모든 기술 분야에서 높은 수준의 지식을 필요로 하는 것은 아니지만 첨단기술 분야에서는 기술이 점점 고도화됨에 따라 높은 수준의 이론에 대한 배경지식이 요구된다. 최근에는 연구소와 대학산학 협력단에서 특허출원을 많이 하게 됨에 따라서 기술들이 정말 난해해지고 있다. 단순한 아이디어가 아닌 학문적으로 깊이 있는 기술들이 많이 출원된다. 그러다 보니 경우에 따라서는 한 건의 특허출원을 이해하기 위해서는 일주일 내내 붙잡고 씨름해야 한다.

그럼 이런 특허심사관은 어떠한 사람들일까? 분명 우리와 같은 사람들이다. 보통 이공계 대학을 나온 엔지니어 또는 과학자들이다. 신분상 우리나라 특허심사관은 중앙행정부의 공무원이다. 그런데 행정부의 공무원이면서도 일반 행정공무원들처럼 기관장의 이름으로 행정처분을 하지 않는다. 특허심사관은 마치 법원의 판사와 같이 자신의 이름으로 특허출원에 대한 거절결정서와 등록결정서를 발송한다. 등록특허공보에도 심사관의 이름 석 자가 적혀 있다. 심사관들은 이 점에 대해서 책임감과 함께 자긍심을 가지고 있다.

출원인들은 자신의 발명을 심사하는 심사관이 어떤 사람인지 매우 궁금해한다. 나의 발명을 제대로 이해할 수 있는 지적 능력을 갖춘 심사관인지 궁금하기도 하고, 혹시나 고압적이고 권위적인 공무원이어서 특허를 잘 주지 않을지 모른다는 생각을 할 수도 있다.

출원인이 어떠한 생각을 하고 있든 간에 특허청 심사관은 항상 균형 잡힌 판단을 하기 위해 노력한다. 특허성 판단이 수학적인 공식에 대입해서 답이 나오는 것이 아니다 보니, 심사관은 항상 고민하게 된다. 출원인 입장에서 보면 작은 변화를 준 것도 인정을 해줘야 할 것이지만, 다른 제3자의 입장과 공공의 이익 측면에서는 기술 발전에 대한 기여가 없거나 매우 작은 특허출원에 대해서는 특허를 거절해야 한다.

발명이라는 것은 개인 또는 복수의 인격체들의 창의성에 의존하는 것이다. 그래서 법인法人은 특허출원인은 될 수 있지만 발명자는 되지 못한다. 한마디로 사람만이 발명을 할 수 있다는 것이다. 그리고 특허심사는 발명자의 창조활동 결과에 대해서 객관적으로 평가를 내리는 과정으로서 이 또한 사람만이 할 수 있는 것이다. 물론 알파고 신드롬을 통해서 예측할 수 있는 것처럼 언젠가 AI가 특허심사를 할 수 있는 날이 올지도 모르지만 말이다.

특허제도는 정부 인허가 제도가 아니라, 발명자가 혼자만 알고 있는 기술을 세상에 공개시킨 것에 대한 일종의 보상제도이다. 특허결정에 의해서 특허권자에게 독점배타권이 주어지는 것은 사실이지만, 그렇다고 하더라도 이러한 독점배타권이 일정 기간 동안

흔들림 없이 보장되는 것이 아니라, 등록무효가 확정되기 전까지만 힘을 발휘할 뿐이다. 그래서 특허는 설령 등록을 받았다고 하더라도 그것으로 모든 것이 해결된 것이 아니다. 구청에서 건축허가를 받아서 건물을 일단 지어버리면 그 건축허가를 취소하는 것은 불가능하다. 그러나 심사관이 등록 결정한 특허라고 하더라도 새로운 기술이 아니라면 여전히 무효사유가 존재하는 것이고 언제라도 무효가 될 원인을 포함하고 있는 것이다.

보통사람들은 '특허' 하면 정부의 인허가 중 하나라고 생각한다. 그래서 특허심사관은 특허권 부여라는 막강한 권한을 가지고 각종 이권에 개입하는 자리일 것이라는 막연한 상상을 하기 쉽다. 그러나 실상은 특허 결정에는 이권이 개입될 여지가 거의 없다. 왜냐하면 잘못된 특허등록은 언제라도 무효가 될 수 있기 때문이다.

특허심사는 새로운 기술의 공개에 대한 기여를 고려하여 출원인에게 부여할 보상 정도를 결정하는 과정이다. 한국 지식재산서비스협회장인 백만기 변리사는 "특허심사관은 국가전략자산이다."라고 말한다. '발명가'가 국가전략의 자산이라고 하면 모를까 왜 '특허심사관'을 국가전략자산이라고 부를까? 이에 대해서 백만기 협회장은 "창의적이고 새로운 아이디어는 발명가, 변리사뿐만 아니라 특허심사관의 손을 거쳐서 제대로 된 고품질의 특허로 만들어진다."고 하였다. 즉, 연구원의 창의적인 활동에 의해서 발명이 완성되지만, 그것만으로 지식재산권이 형성되는 것이 아니고 아직 미완의 상태로 출원되어 특허심사관의 날카로운 판단력으로 권리 범위를 재단하는 과정을 거친 후에 특허를 부여하거나 거절함으로써 불필요한 특허소송이 발생하는 것을 방지할 수 있다는 것이다.

따라서 특허심사관이 실제 권력기관과 같이 작용하거나, 그렇게 인식되어서는 안 되지만, 특허심사관의 가치가 과소평가되어서는 더더욱 안 된다. 최근 기업들의 연구개발 의욕의 증가와 더불어 특허의 신뢰성에 대한 요구가 증대되고 있고, 특허심사관의 역할 또한 강조되고 있다. 특허심사는 특허의 보호범위를 합리적으로 재단해서 불필요한 소송을 방지하고 새로운 기술이 합리적인 가치를 인정받을 수 있도록 하기 위한 것이다. 그만큼 심사관 한 사람의 특허심사는 작은 듯 보이지만 결코 작은 일이 아니다.

어느 나라 특허가
더 등록받기 어려운가?

　대부분의 발명가들은 자신의 발명이 대단한 것이라고 생각한다. 그리고 국내출원만으로는 부족하고 해외에서도 보호받기 위해서 해외출원 또는 국제출원까지 해야 하지 않는가 하며 조바심을 갖는다. 과거에는 국내 기업들이 외국 기술로 제품을 만들어 수출하였기 때문에 외국 회사들이 국내에 특허를 많이 출원했었다. 특히 일본 기술에 많이 의존하였기 때문에 일본 기업들이 국내 특허 출원을 많이 했었다. 그러나 최근에는 국내 기업들이 일본 기술에서 탈피하기 시작함에 따라서 일본 기업들의 우리나라 출원이 다소 감소하였다. 대신 우리 기업들이 해외시장에서 자신의 제품을 특허로 보호받아야 할 필요성이 커져서 해외 특허출원이 많이 증가한 상태다. 이는 국내에 특허출원하는 것 못지않게 외국에 특허를 출원하는 것에 대한 중요성을 인식하기 시작했기 때문이다. 그래서 대기업뿐만 아니라, 중소기업들 또는 개인들도 해외 특허출원에 적극 뛰어들고 있다.

그럼 외국 특허청은 한국 특허청에 비해서 특허받기가 더 어려울까? 원칙적으로 본다면 특허성은 국가마다 달라서는 안 될 것 같지만, 각 나라별 산업정책상 또는 심사관의 기술이해도에 따라서 특허성 판단 결론이 달라진다. 과연 외국 특허청의 특허심사는 한국 특허청의 특허심사와 무엇이 다를까?

특허등록 여부는 한 국가의 자국법에 따라서 결정되기 때문에 우리나라 특허청에서 특허되었다고 해서 미국에서도 특허가 된다는 보장이 없고, 미국에서 특허되었다고 해서 국내에서 특허된다는 보장도 없다. 그렇다고 전혀 그 관계가 무관한 것은 아니다. 다만 특허성 판단에 대한 심사기준과 관행이 공통되면서도 일부 상이하기 때문이다.

사실 각국의 특허청은 출원된 발명을 심사하는 기준을 가지고 있는데, 이를 심사지침서, 또는 심사가이드라인이라고 부른다. 이 심사기준에 기재된 특허성 판단기준들은 각국마다 크게 다르지는 않다. 그래서 한국에서 특허출원한 후에 이를 그대로 번역해서 다른 나라 특허청에 출원하더라도 크게 문제되지 않는다. 이렇듯이 명세서를 작성하는 방식은 대동소이하고, 다만 출원발명이 선행기술에 비하여 특허성(특허 진보성, 또는 용이 착안성)이 있는지를 판단하는 판단원리에 있어서 약간의 차이가 있을 뿐이다. 특히나 각국의 특허청 심사관이 출원발명과 대비하는 선행기술이 서로 다를 수 있기 때문에 심사결과가 다르게 될 가능성이 더 커진다.

물론 심사관은 객관적인 심사기준에 따라서 심사를 하려고 노력하지만, 심사관이 가지고 있는 기술에 대한 지식수준이 다르고 서치한 결과 선행기술이 다르기 때문에 진보성을 판단하는 결과가 달라질 수밖에 없다. 각국의 특허청은 이런 주관적인 심사결과의 차이를 최소화하기 위해서 진보성 판단기준을 표준화하고 있지만, 수학공식처럼 맞아 떨어지는 것이 아닌 이상 쉽사리 해결될 수 있는 문제는 아니다. 결국 케이스 바이 케이스case by case로 결과가 달라진다. 다만 이러한 심사결과에 대해서 만족하지 않는 출원인은 불복수단을 가지게 됨으로 문제를 해결할 수 있을 뿐이다. 특허심판원, 특허법원 그리고 대법원에 불복하여 상위 기관으로부터 판단을 받아야 하는데, 시간과 비용이 더 소요되는 점은 어쩔 수 없는 한계라고 할 수 있다.

기술 분야마다 또는 심사관마다 특허등록률은 다르지만, 미국의 심사관들은 한국이나 일본 심사관에 비하여 등록결정에 다소 너그럽다(?)고 알려져 있다. 그들은 출원발명과 선행기술문헌이 얼마간의 차이만 있어도 이를 인정해 주고 등록결정을 해주는 경향이 있다. 미국은 이처럼 특허를 받기 쉽고, 일단 등록된 특허는 심사단계보다 더 명백한 증거에 의해서만 무효화를 시킬 수 있기 때문에 출원인에게는 유리하지만 특허를 출원하지 않고 생산만 하는 제3자에게는 매우 불리하다고 볼 수 있다. 어쩌면 이것이 특허권자를 강하게 보호함으로써 아이디어의 산업화를 촉진시킨 미국의 성장 비밀이라고 볼 수도 있다. 권리 위에 잠자는 자가 아닌 적극적으로 권리를 창출하고자 시간과 비용을 투자한 자들을 보호하겠다는 논리이다. 아쉬우면 먼저 특허출원하라는 것이다. 특허권자와 제3자 사이의 완전한 공평을 추구한다기보다는 약간 특허권자에게 치우친 '친 특허정책'의 결과인 셈이다.

반면, 우리 심사관이나 일본 심사관들은 다소 등록결정에 짜다는 견해가 일반적이다. 지금까지 우리와 일본은 특허받기 어렵고 일단 특허가 되어도 쉽게 무효로 되어서 출원인보다는 제3자를 보호한다는 인식이 강하다. 아무래도 외국기업으로부터 특허 로열티를 받는 것보다는 외국기업에 특허 로열티를 주는 기업들이 더 많은 것이 현실이므로, 특허권자보다는 제3자의 입장에서 특허정책을 펼친 결과가 아닐까 생각된다. 그러나 최근 일본이 변하고 있다. 일단 한번 등록된 특허를 쉽게 무효화시키지 않도록 하는 법원 판결이 잇따르고 있다. 이러한 일본의 경향을 따라서 우리 특허심판원과 특허법원 역시 최근 특허권자를 최대한 보호하는 방향으로 소위 '친 특허'정책을 지지하는 판결을 내리고 있다.

등록결정에 대해서 가장 균형 잡혀 있다고 보는 쪽이 유럽 특허청이다. 유럽 특허청은 유럽공동체EU를 대표하는 특허청이다. 유럽 특허청은 유럽 공동체의 각 개별 국가의 특허청이 할 수 있는 것보다 더 나은 품질의 심사결과를 내놓아야 하기 때문에 우수한 심사관을 보유하고 있고 또한 심사비용도 매우 높다.

최근에는 IT기술의 발달로 각 나라 특허청의 심사결과는 쉽게 공유되므로, 참작이 가능하다. 그러나 이것은 어디까지 참작일 뿐이다. 한국 특허청에서 특허 받았다고 해서 외국 특허청에도 특허 받아야 한다는 법이 없고, 한국 특허청에서 특허 받지 못했다고 해도 외국 특허청에서는 특허 받을 수 있다. 다만 출원인과 변리사는 해외에서 특허거절 또는 등록 상황을 고려하여 강한 특허를 설계하는 데 참고할 수 있다.

빨리
심사를 받고 싶다면

심사관들은 보통 특허분류체계에 의해서 나누어진 분류들 중에서 3~4가지 종류의 분류에 대해서 심사를 하는 것이 일반적이다. 물론 특허청 심사관 수가 많을수록 심사관 한 사람이 담당하는 특허분류 종류는 적어지게 될 것이다. 우리나라의 경우, 특허심사관이 외국의 특허청에 비하여 상대적으로 적은 편이므로 당연히 심사관 일 인당 맡게 되는 특허분류가 더 많은 것이 현실이다.

특허심사관은 심사청구일 순서대로 심사를 진행한다. 일반적으로 대부분의 출원인들이 출원과 동시에 심사청구를 하고 있지만, 반드시 그래야 하는 것은 아니다. 원래 출원 당시에 심사청구를 하지 않아도 되며, 출원일로부터 3년 이내에 하거나(2017년 3월 1일 시행 개정법), 아예 심사청구를 하지 않을 수도 있다. 어떤 출원인들은 출원 이후에 바로 심사를 청구하지 않고 최대한 기다렸다가 회사의 상황이나 시장의 상황을 고려하여 심사청구를 한다. 다시 말해서 새로 개발된 기술에 대해서 일단 출원은 해놓지만, 당장은 회사의 사업진출 방향 및 시장상황 등을 알 수 없으므로, 향후에 다시 검토하기로 하고 심사청구를 미루는 것이다. 외국기업들은 대체로 이러한 경향이 더 많다. 또는 출원 건수가 많은 대기업도 출원 전체에 대해서 심사청구를 하는 것이 아니라, 경제적 가치가 있는 것을 중심으로 먼저 심사청구를 한다.

이에 반해 우리나라 중소기업들은 출원과 함께 곧바로 심사를 청구하는 것이 일반적이며, 그것도 너무 늦다고 판단하여 우선심사를 청구하는 경향이 매우 강하다. 우선심사는 대체로 그 요건이 필요하지만 특허청에서는 요건을 점차 완화하고 있는 추세이다. 그래서 대부분의 중소기업들이 우선심사를 받을 수 있다. 다만 우선심사는 타인의 특허출원에 대한 심사에 앞서 먼저 심사를 받는 것이므로, 일종의 급행료로서 별도로 우선심사청구료를 지불해야 한다. 이러한 경우 심사관은 신속하게 심사를 하게 되므로 빠르면 3~4개월 내에 등록이 가능할 수도 있으며, 늦어도 1년 이내에 심사결과를 얻을 수 있다. 그러나 심사를 빠르게 받는 것만이 좋은 것만은 아니라는 데 문제가 있다. 우선심사를 받게 되면, 국내 우선권 주장의 기초출원으로서 제약이 따를 수 있다는 점을 염두에 두어야 한다.

뒤에서 좀 더 자세히 설명하겠지만, '국내우선권 출원제도'는 자신의 선출원에 대해서 개량의 여지가 있다고 생각할 때 후출원을 하면서 용이하게 활용하는 제도이다. 선출원과 개량된 후출원 사이에 동일한 부분에 대해서는 출원일의 소급을 인정해주므로 새로이 출원하는 것에 비하여 유리한 제도이다. 그런데 우선심사에 의해서 선출원이 이미 거절결정 또는 등록결정이 되었다면 1년 이내라도 이를 개량한 후출원은 국내우선권 주장을 할 수 없게 된다. 그러니 향후 발명을 개량해서 국내우선권 출원을 계획하고 있다면 우선심사를 신청하지 않는 것이 지혜롭다고 할 것이다. 그러므로 우선심사를 신청하기 전에는 이러한 제반 사항들을 충분하게 검토하는 것이 바람직하다.

등록된 특허가
왜 무효화될까?

애플과 삼성의 특허소송 중에 삼성은 애플의 특허를 대부분 무효화시켰다. 미국 특허청 심사관이 특허등록결정을 하여서 등록된 특허가 특허전쟁 중에서 무효가 되어 버린 것이다. 싸울 무기를 가지고 전장에 나갔는데 고장이 나서 정작 싸움에서는 아무런 쓸모가 없게 되었다. 애플 입장에서는 화가 날 것이고 삼성 입장에서는 그나마 다행인 것이다.

그런데 왜 등록된 특허가 무효화되는 것인가? 특허特許라는 말은 정확히는 일본의 법률용어를 우리의 입법과정에서 그대로 채용한 것이다. 사전을 조회해 보면, '특별히 허락함' 또는 '특정한 사람을 위하여 새로운 특정한 권리를 설정하는 행정행위'라고 되어 있다. 전문가가 아닌 보통사람들은 '특허'라는 단어를 통해서 '특별하다'는 의미와 정부의 '허가'라는 의미를 연상한다. 이 용어를 처음 듣는 사람이라면 누구나 '특허'는 정부가 주는 특별한 혜택이고 여기에는 항상 부적절하고 은밀한 뭔가가 있을 것이라고 생각하기 쉽다. 특허에는 정부가 특정 기업에 주는 면세점 특허라는 것도 있다. 면세점 특허는 특정 기업이 국가에 공헌을 한 바가 있어서 주는 것이 아니라, 그냥 특정 기업이 더 마음에 들어서 선택적으로 주는 것이다.

그러나 발명과 관련된 '특허제도'는 다른 일반적인 정부의 인허가제도와 유사한 어감을 줄지라도, 사실 제도의 취지는 확연히 다르다. 발명특허는 특정 기술을 세계 최초로 공개한다고 하는 기여에 대하여 제공하는 일종의 포상이다. 그렇기 때문에 그러한 사실이 틀린 것이라면 그 포상은 취소되고, 특허권은 원래부터 없었던 것으로 된다.

하지만 일반적인 인허가제도에 있어서 허가는 쉽게 원래부터 없었던 일로 할 수는 없다. 예로 허가해준 건축허가에 의해서 건물이 다 완성되었는데, 그 과정에서 불법이 발견되었다고 하더라도 허가를 취소하고 건물을 없었던 것으로 할 수 없지 않은가. 하지만, 특허는 일종의 포상제도이기 때문에 얼마든지 특허를 무효로 하는 것이 가능하다. 당신이 새로운 기술이라고 주장하면서 특허출원을 하였고, 설령 심사관도 심사과정에서 동일하거나 유사한 기술이 있었음을 발견하지 못한 경우에도 심사관의 귀책사유와 관계가 없이 등록이 무효가 될 수 있다.

비록 출원인이 고의적으로 심사관을 속인 것이 아니더라도 그 특허발명이 그 출원 전에 이미 세상 어딘가에 알려진 것이라면 그 등록된 특허는 언제든지 무효가 될 수 있다. 한마디로 원래부터 포상을 받을 자격이 없었다고 보는 것이다. 이렇게 등록된 특허가 언제든지 무효가 될 수 있다는 것은 매우 중대한 사실을 시사한다.

내가 직접 개발한 기술로 특허를 출원하였고, 심사를 거쳐 특허등록을 받았다고 하자. 그리고 등록된 특허권에 의한 독점배타권을 믿고 사업을 확장해 나갔다. 그런데 어느 날 갑자기 경쟁업체가 나의 특허발명이 러시아에서 이미 공지되었던 기술이므로 무효가 되어야 한다고 주장하였고, 실제 무효심판을 거쳐서 무효가 확정되었다. 이러한 일이 실제 벌어진다면 참으로 황당하지 않을 수 없을 것이다. 특허청이 발급해준 특허권을 신뢰하고 막대한 자금을 투자하였던 나로서는 시장에서 타 경쟁자들과 무한경쟁을 해야 하기 때문이다. 물론 나의 제품이 타인의 특허를 침해하지 않는 이상, 나는 여전히 벌려놓은 사업을 할 수는 있다. 그러나 독점배타권을 가지지 못하기 때문에 시장에서 어떠한 유리한 조건도 없이 다른 경쟁자와 동등한 입장에서 경쟁해야 한다.

이처럼 특허는 창의적인 기술을 세계 최초로 공개하였다는 이유로 특허기술에 대해서 일정기간 독점적 실시권을 허락해주는 것이므로, 설령 심사관에 의해서 특허등록결정이 내려졌다고 하더라도 특허의 무효에 대한 최종적인 책임은 심사관이 아니라, 특허권자에게 돌아간다. 어떻게 보면 납득하기 어려울 수 있다. 특허청의 특허결정을 신뢰한 특허권자에게 피해가 돌아갈 수 있으니 말이다. 특허출원인을 탓할 수도 없고, 무효를 주장하는 측을 탓할 수도 없으며, 특허심사관을 탓할 수도 없다. 특허심사관도 신God이 아닌 이상, 세상의 모든 기술들을 다 알고 있을 수 없다. 무엇보다도 유사한 기술들을 모두 대비해 볼 시간이 충분하지 않다는 것이다. 따라서 특허심사관에 의해서 특허 결정된 출원발명이라도 세계 최초의 발명이 아닐 수 있다는 것이다. 그런 점에서 이 세상에 등록된 모든 특허는 무효화될 잠재성을 모두 가지고 있다.

하지만 무효가 확정되기 전까지 모든 특허는 유효한 것으로 추정된다. 그리고 이미 등록된 특허의 무효이유를 살필 때는 심사단계에서의 거절이유와 달리 보아야 한다는 견해가 힘을 얻기도 한다. 이러한 입장은 선진국에서 특허권자를 강하게 보호하는 친 특허정책차원에서 반영되고 있으나, 국내에서는 특허권자보다는 실시자의 입장을 더 강하게 보호하는 경향이 있음을 부인할 수 없고 실무적으로는 특허심사단계와 등록무효단계에서 특허의 유효성 판단 기준은 동일하게 운영되고 있다.

자체적인 선행기술 조사로 특허성에 대해서 테스트해 보아야 한다. 혹시 무효가 될 가능성은 없는지 꼼꼼하게 살펴야 한다. 또한 계란을 한 바구니에 담지 말라는 말이 있듯이, 하나의 특허에 모든 사업을 거는 것은 위험하기 짝이 없다. 가능한 여러 개의 특허들로 특허장벽을 만들어 혹시 하나의 특허가 무효가 된다고 하더라도 사업을 뒷받침해 줄 다른 특허들을 백업back-up으로 보유하고 있어야 한다.

등록무효와 관련하여 궁금한 것이 생긴다. 내가 특허권을 가지고 있었고, 타인에게 그 특허에 대한 전용실시권을 부여해서 로열티를 받고 있었는데, 어느 순간 내 특허가 무효가 되어 특허가 원래부터 없었던 것이 되었다면 나는 그간 받은 실시료를 그에게 도로 반환해야 하는가 하는 것이다.

모든 경우에 획일적인 답이 있는 것이 아니지만, 이러한 구체적인 사례들에 대해서는 판례를 통해서 어느 정도 확인할 수 있다. 대법원 2014. 11. 13. 선고된 2012다42666 판결에는 '실시권의 대상이 된 특허가 무효로 된 경우 지급된 실시료의 반환 청구'와 관련하여, 비록 특허는 무효에 의해서 원래부터 없었던 것으로 되는 것이 사실이지만, 그렇다고 하더라도 무효가 확정될 때까지 독점배타적 효력으로 인한 유익을 이미 누렸기 때문에 실시계약부터 무효로 된 때까지의 실시료를 반환할 필요가 없다고 판시하였다. 만약 10년 사용하기로 하고 실시계약을 했는데, 2년 만에 특허가 무효가 되었다면 8년분의 실시료만을 반환하면 충분하다는 이야기다.

다시 정리해 보자. 특허제도는 본질적인 한계를 가지고 있다. 특허가 무효로 된다고 하는 것은 인허가를 취소하는 것이 아니라, 단지 독점배타권이라는 포상을 없었던 것으로 한다고 이해하는 것이 맞다. 불합리한 독점배타권은 정당한 다른 사업자에게 피해를 주게 되는 것이므로 사후적으로라도 제거되어야 한다.

우선권 제도가
뭐야?

특허출원서의 첫 면에는 출원인에 관한 기재항목과 함께 '우선권 주장'이라는 기재항목이 포함되어 있다. 특허출원 경험이 적은 출원인들은 무조건 이 부분을 체크하려고 한다. 자신의 발명에 대해서 당연히 '우선권'을 주장해야 한다고 생각하기 때문이다. 우선권 주장에 대한 오해에서 기인한 것이다. 먼저 우선권제도와 그에 따른 우선권 주장이라는 용어에 대한 바른 이해가 필요하다.

우선권제도에는 2종류가 있는데 하나는 '조약에 의한 우선권제도'이고 다른 하나는 '국내우선권제도'이다. '조약에 의한 우선권제도'는 국가들 사이의 조약에 의해서 만들어진 우선권제도이다. 일례로 출원인이 국내에 특허출원한 후 1년 이내에 타 국가(조약국)에

동일 또는 개량한 발명을 출원할 때 타국 출원서에 국내의 출원사
실을 기재함으로써 '우선권 주장'을 할 수 있게 된다. 우선권 주장
절차에 의해서 출원인은 동일한 발명부분에 대해서는 다른 나라에
서도 우리나라에서의 출원일을 기준으로 심사를 받을 수 있게 되
는 것이다.

따라서 특허출원서에 표시되어 있는 '우선권 주장'이라는 기재
항목은 해당사항이 있는 출원인만 기재하면 된다. 여기서 주의해
야 할 것은 1년 이내에 우선권 주장 출원을 한 경우에만 해당한다
는 것이고, 1년이 경과한 이후에는 그러한 혜택을 전혀 받을 수 없
게 될 뿐만 아니라 경우에 따라서는 자신의 공개특허공보에 의해
서 타국 우선권 주장 출원이 거절될 수 있다는 점에도 유의해야 한
다. 특히 국내에서 조기공개를 신청한 경우에는 낭패를 보기 십상
이다.

다른 하나는 '국내우선권제도'로서, 조약에 의한 우선권제도와
는 별개의 것인데 국내 특허출원 후 1년 이내에 발명을 개량하여
국내에 다시 출원할 필요가 있는 경우에 활용할 수 있는 수단이
다. 국내우선권 주장 출원의 일례로서, 출원인이 한국 특허청에
발명 A+B+C에 대해서 특허출원하였는데, 얼마 안 되어서 발명
A+B+C보다는 A+B+C'라고 개량하는 것이 낫겠다는 생각을 얼
마든지 하게 될 수 있다. C와 C'의 차이가 거의 없어서 명세서 보
정에 의해서 해결할 수 있는 경우도 있겠지만, 이들이 서로 다른
것이라면 명세서 보정이 새로운 사항을 추가하는 것에 해당하게

되어 보정으로 문제를 해결할 수 없게 된다. 즉, C와 C'가 서로 다른 것이라면 새로운 사항을 추가한 것에 해당될 수 있고 이러한 경우에 심사관으로부터 '신규사항 추가'라는 이유로 거절결정을 받게 될 수 있으므로 명세서 보정 대신에 '국내우선권제도'를 이용하는 것이 더 바람직하다고 할 것이다.

다시 한 번 정리하면, 출원인이 A+B+C 발명에 대한 선출원에 만족할 수 없는 경우, 1년 이내에 A+B+C 발명과 함께 A+B+C' 발명을 함께 포함하는 명세서로 새로운 후출원을 하면서 출원서에 우선권 주장에 관한 사항을 기재하는 것을 국내우선권주장출원이라고 한다. 이때 선출원은 선출원일로부터 1년 3개월 이후에 취하되는 것으로 간주되므로 별도의 심사를 받지 않는다.

국내우선권주장출원과 관련하여 또 한 가지 유의해야 할 점은, 선출원이 우선심사에 의해서 이미 거절결정되었거나 등록 결정된 경우에는 1년 이내라도 국내우선권주장출원을 할 수 없다는 점이다. 최근 특허청의 심사기간이 단축되다 보니 1년 이내에 등록결정이 되어버리는 경우가 있고, 특히 우선심사를 신청한 경우에는 단지 몇 개월 만에 등록 또는 거절결정이 되어버리기 때문이다. 선출원절차를 너무 성급하게 서두른 나머지 문제가 복잡해지거나 해결할 수 없는 상태에 이를 수 있다. 그럼 앞에서 살펴본 우선권제도에 대해서 정리하겠다.

조약에 의한 우선권제도: 국내에 선출원을 하고, 동일한 발명을 1년 이내에 타국에 후출원하는 경우, 조약에 의한 우선권주장출원이라고 한다. 선출원이 등록결정된 것이든 거절결정된 것이든 관계없이 선출원일로부터 1년 이내에 우선권주장출원을 하였다면 선출원과 같은 출원일소급을 받을 수 있다.

국내우선권제도: 국내에 선출원을 하고, 1년 이내에 개량된 발명을 출원하면서 출원일의 소급을 인정받을 수 있도록 한 제도이다. 우선권주장출원 당시에 선출원이 이미 등록결정된 것이거나 거절결정된 것이면, 출원일의 소급을 받을 수 없다.

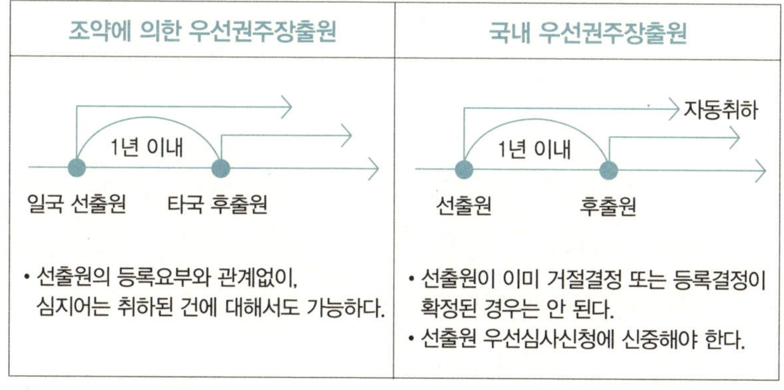

국내 우선권 주장 시 유의사항

　연구를 하다 보면, 항상 새로운 아이디어가 떠오르게 되어 있다. 기존에 생각했던 아이디어가 가장 좋다고 생각했다가도 상황이 변경되거나 생각이 달라지면서 새로운 아이디어를 떠올리게 되고 아이디어를 수정하거나 구체화할 필요가 있다. 이는 특허출원에서도 마찬가지로 적용된다. 이미 특허출원한 아이디어 A에 대해서 좀 더 구체화하거나 또는 개량, 추가할 필요가 있는 경우가 발생한다. 이러할 때 발명자 입장에서는 어떻게 대응해야 하는가?

　변리사가 이 모든 것을 예상할 수 없는 경우가 있으므로 발명자는 이러한 가능성에 대해서 항상 염두에 두고 연구 및 출원을 진행해야 한다. 변리사가 아무리 관심을 가지고 출원을 대행한다고 하더라도 발명자의 발명이 변화되는 것까지 감안해서 출원을 진행하기는 어려울 수 있다. 결국 발명자가 자신의 발명이 어떻게 될 것인지에 대해서 예측하고 대응하기 위해서는 최소한 국내우선권제도에 대한 기본적인 지식이 필요한 것이다.

다시 말해서, 발명자는 연구를 계속해 나가면서 선출원된 발명의 아이디어 중 일부를 더 구체화할 필요가 있거나 또는 추가 변경할 필요가 있다고 생각할 때는 국내우선권주장출원을 통해서 문제를 해결할 수 있다. 다만 국내우선권주장출원을 하게 되면 선출원은 자동적으로 취하 간주되므로 등록을 받을 수 없게 된다는 점을 염두에 둬야 한다. 2012후2999 대법원 판결의 사례를 들어서 살펴보자.

선출원: 출원인은 난방을 위한 '유량 자동제어장치'에 관한 발명을 출원하면서 방 면적에 비례하여 난방에 필요한 유량의 공급을 제어하는 것을 출원했다.

후출원: 출원인은 후에 국내우선권주장출원을 하면서 각 방별 난방부하에 비례하여 난방에 필요한 유량의 공급을 제어하는 것을 다시 출원했다.

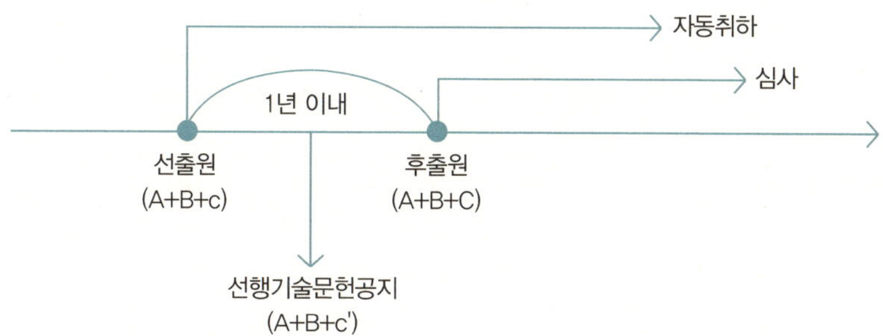

출원인은 선출원을 해놓고 보니 방의 면적만으로 유량을 계산
하는 것보다는 방의 실내온도, 외부 온도 등 다양한 인자를 고려
한 난방 부하에 따라서 난방에 필요한 유량을 공급하는 것이 더
낫다는 생각에 방의 면적을 포함하는 방의 난방 부하 개념을 도입
하여 국내우선권주장출원을 한 것이다. 그러나 심사과정에서 선
출원과 후출원 사이에 난방이 필요한 방들에 놓인 배관의 길이에
따라서 난방유량을 제어하는 기술이 공개된 선행기술문헌이 발견
된 것이다.

이들 발명들은 모두 유사한 것처럼 보이지만 난방유량을 산출
하는 방식이 상이하다. 선출원은 난방 부하를 방의 면적만으로 계
산한 것이고, 후출원은 난방 부하를 방의 면적뿐만 아니라 다양한
요인들을 고려하여 계산하는 것인데, 선행기술문헌은 배관의 길
이에 따라서 난방 부하를 계산하는 것이다. 방의 면적에 의한 유
량계산법은 배관의 길이에 의한 유량계산법과 상이하지만 모두
난방 부하를 고려하여 난방유량을 계산한 것이라는 점에서는 동
일하다.

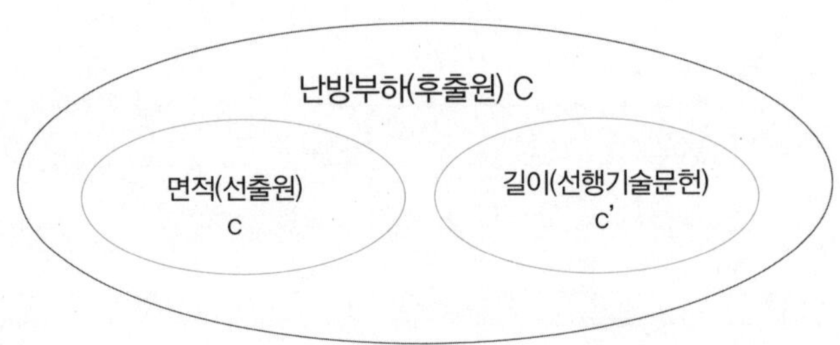

결국 심사관은 난방 부하 중 하나에 속하는 배관 길이에 의한 난

방유량 계산방식이 후출원 이전에 공개되어 있었다는 이유로 후출원(우선권주장출원)을 거절결정을 하기에 이르렀다. 게다가 선출원은 취하 간주되었고, 후출원은 거절되었으므로 출원인은 아무것도 등록을 받지 못하는 문제가 생겼다.

출원인은 국내우선권주장출원을 하였지만, 방의 면적만으로 난방 부하를 계산하는 것에 대해서 출원일의 소급을 인정받을 수 있었을 뿐, 기타 다른 난방 부하에 의해서 난방유량을 계산하는 것은 출원일 소급을 인정받을 수 없게 되었기 때문에 이와 같은 문제가 발생한 것이다.

차라리 후출원은 선출원에 포함된 방의 면적에 의한 난방유량 계산 방식 및 다른 외부 인자를 고려한 난방 부하에 의한 난방유량계산 방식을 개별적으로 포함하도록 기재하면서 향후 선행기술의 검색 결과와 심사관의 심사 내용에 따라서 선택적으로 대응하는 것이 더 바람직했을 것이다.

국제특허출원이란?

　종종 지하철이나 신문 광고 또는 제품의 포장을 보면 '국제특허를 획득했다.'고 기재하고 있는 것을 볼 수 있다. 아직도 '국제출원'에 대한 정확한 지식이 없는 현실을 반영하는 것 같다. 왜냐하면 국제출원제도는 있으나, 실제 전 세계적으로 특허권을 행사할 수 있는 '국제특허'란 존재하지 않기 때문이다. 광고자가 '국제출원'과 '국제특허'의 의미를 혼동해서 그런 것일 수도 있지만, 어떤 경우는 의도적으로 자신의 제품을 과장홍보하기 위해서 그러한 표현을 사용한 것일 수도 있다.

　외국의 특허를 획득하기 위해서는 두 가지 방법이 있다. 첫째는 개별국가별로 각 특허청에 그 나라의 언어로 된 출원서를 제출하

고 심사를 받아서 특허등록을 받는 것이고, 다른 하나는 PCT국제
출원을 하는 것이다. PCT국제출원은 다수 개의 국가에 동시 출원
이 가능한 일종의 패키지 출원이라고 할 수 있다.

　통상 외국에 특허를 출원하기 위해서는 그 나라의 언어로 명세
서를 번역하여 제출하여야 하는데, 많은 개별국가에 출원을 할 필
요가 있는 경우에는 1년이라는 우선권 주장 기간으로는 충분하
지 않을 수 있다. 이러한 점을 고려하여 만들어진 국제출원제도는
PCTPatent Cooperation Treaty 출원제도라고도 불린다. 국제출원은 단
한 번의 출원만으로 지정한 국가마다 동일한 출원효과를 가지도록
한다는 점에서 이점이 있다. 국제출원제도는 짧은 1년이라는 우선
권 주장 기간 안에 다수의 국가에 특허출원을 수행하기 어려운 점
을 해소하기 위하여 출원절차를 간소화한 제도이다.

　다만 국제출원은 출원인이 짧은 시간 안에 다수의 국가에 동시
출원효과를 가질 수 있도록 하는 것일 뿐, 동시에 특허심사를 받는
다거나 국제적인 특허를 받을 수 있다는 것을 의미하는 것은 아니
다. 결국 국제출원제도는 출원절차를 간소화한 것일 뿐, 그 밖에
다른 모든 절차는 동일하게 수행해야 한다. 개별국가마다 특허 심
사비용이 소요되는 것은 물론이고 특허 등록비용도 개별적으로 드
는 것도 마찬가지이다.

　국제출원의 이점을 들어보라고 하면 각국에 제출해야 하는 번역
문 제출기간이 연장되는 등 출원인에게 충분한 시간적 여유를 준
다는 점이다. 일반적인 해외출원의 경우에는 우선권 주장 기간인

1년 이내에 각국에 출원을 해야 하지만, 국제출원은 국제출원일(또는 우선권 주장을 하여 국제출원한 경우에는 우선권 주장일)로부터 30개월 이내에만 개별 나라에 번역문을 제출하면 되기 때문이다.

국제출원의 또 다른 이점은 국제조사보고서를 받아볼 수 있다는 점이다. 국제조사보고서를 참고하여 기술 분야 및 지역적 특성 등을 감안해서 충분한 시간을 두고 선행기술조사를 하면서 개별국가에 번역문 제출과 심사청구를 할 것인지 여부를 결정할 수 있다. 즉 특허출원절차를 지속할 것인지 거기에서 멈출 것인지를 결정할 수 있다.

단점으로는 국제출원은 그만큼 심사청구시기가 늦어져서 도리어 심사를 받을 수 있는 시기는 개별로 해외출원한 것에 비하여 더 지연된다는 것이다. 그러므로 출원인이 처한 입장에 따라서 개별 해외출원을 할 것인지, PCT국제출원을 할 것인지 적절하게 판단하여 결정해야 한다.

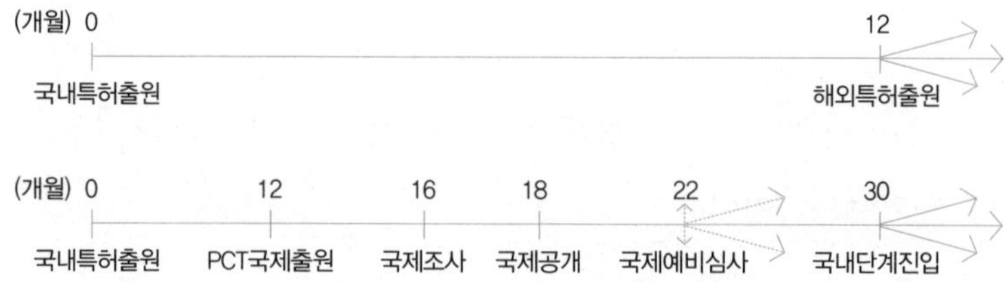

해외특허출원의
중요성

　국내에서 특허분쟁은 두 가지로 나눌 수 있는데, 하나는 국내기업과 외국기업 사이의 분쟁이고 다른 하나는 국내 기업 간의 분쟁이다. 실상은 국내 중소기업 간의 분쟁이 가장 많다. 비록 상대적으로 금액이 많지 않지만, 이들의 분쟁결과는 더욱 치명적인 것들이어서 회사의 운명을 좌우하는 경우가 많다.

　그러나 대부분 일반인들이 듣게 되는 특허분쟁은 국내기업과 외국기업 간의 분쟁이다. 왜냐하면 일반인들은 이러한 이야기를 듣고 싶어 하고 언론도 이러한 경향에 부응해서 관심을 끌 만한 분쟁 소식을 전하기 때문이다. 그런데 왜 해외기업과의 특허분쟁에 있어 우리는 왜 외국기업으로부터 제소당해야만 하는가? 우리가 먼저 이들을 제소할 수 없단 말인가?

당연한 이야기지만 우리 기업이 외국에서 소를 제기하여 외국기업을 이기기 위해서는 먼저 해외특허권을 획득해야 한다. 우리의 독자기술로 획득한 탄탄한 해외특허권이 있어야 자신 있게 소를 제기할 수 있지 않은가. 사실 이러한 경험이야 말로 특허를 기반으로 하는 기술개발과 경영전략의 밑거름이 될 것이다. 실제 우리는 아주 좋은 기회를 아쉽게 놓친 기억이 있다.

현재 모바일 칩 및 AP를 생산하는 퀄컴은 CDMA(코드분할다중접속)방식을 개발한 회사이며 현재 전 세계에서 가장 많은 모바일 칩을 생산하는 기업이다. 그러나 1991년 이전 퀄컴은 CDMA방식의 통신기술의 원천특허를 보유하고 있을 뿐, 이 기술을 이용한 상용제품이나 서비스를 제공하는 기업이 아니었다. 이 회사는 많은 적자로 인해서 곧 문을 닫아야 할 형편에 처해 있었다. 불행 중 다행으로 한국에서 1991년 CDMA방식을 국책연구과제로 지정하였고 1995년까지 각고의 연구개발 노력 끝에 상용화에 성공하여 세계에서 처음으로 1996년 1월부터 서비스가 가능해졌다. 그 과정에서 국내기업과 퀄컴 사이의 애증의 관계가 시작되었다. 즉, 실제 CDMA의 이론적 기초는 퀄컴이 제공하였지만, CDMA장비와 서비스를 개발하고 상용화하는 기술들은 ETRI와 국내기업을 중심으로 개발되었기 때문이다. 그럼에도 CDMA 상용화서비스 개시 이후에 국내 기업들은 퀄컴사에 천문학적인 금액의 로열티를 지불해야 했다. 퀄컴의 CDMA방식이 어느 정도 우리의 통신서비스에 기여를 한 것은 사실이었지만, 우리로서는 마땅히 소유하고 있어야 할 권리에 대한 적절한 대응이 부족하였다. 2009년 7월 25일자 KBS 9시 뉴스의 내용에서 그 문제와 답을 찾을 수 있다.

<<뉴스 앵커>> 다소 생소하시겠습니다만 우리나라는 세계에서 네 번째로 국제특허를 많이 내는 나라입니다. 그런데도 왜 우리가 특허 강국이 되지 못하는지 박영관 기자가 짚어봤습니다.

<<리포터>> 휴대전화 CDMA 기술의 원천특허는 미국 퀄컴사가 가지고 있습니다. 하지만 퀄컴사의 기술은 군사용으로만 가능할 뿐 상용화할 수는 없는 기술이었습니다. 우리나라는 1996년 4월 1일 세계 최초로 상용화에 성공한 CDMA, 즉 디지털 이동전화시스템의 개통식을 갖고 본격 서비스를 시작했습니다. 이렇게 국내 기술진이 세계 최초로 상용화 기술을 개발하는 쾌거를 이뤘지만 한 가지를 빼먹고 말았습니다. 국제특허를 출원하는 일입니다.

<<전자통신연구원장>> 무관심했었다기보다는 무지했다고 보는 게 맞을 겁니다. 기술이 만들어졌을 때 저 부분을 어떻게 마케팅을 해야 되느냐 하는 부분은 사실 저희들 시야에 없었습니다.

<<리포터>> 결국 특허 활용전략이 없다 보니 우리가 개발

한 상용화 기술에 대한 특허사용료는 한 푼도 받지 못하고,
지금까지 퀄컴사에 약 5조 원의 특허사용료를 주는 처지가
된 것입니다.

현재의 상식으로 보면, 너무나 어처구니없는 일이 벌어진 것이 었지만, 1990년대 초 우리 대한민국이 특허에 대한 마인드가 얼마나 없었는가를 단적으로 말해주는 사건이었다고 할 수 있다. 요즘 같으면, 일반 개인이더라도 해외시장에서 통할 것 같으면 해외 출원도 해야 한다는 것을 알고 신속하게 대처하였을 텐데, 외국 기술을 들여와서 제품을 만들고 이를 외국에 파는 방식으로 외화를 벌어들이는 데 집중하던 1990년대 초반에 우리 기업들은 자체적인 신기술을 개발하였지만 외국기업들로부터 로열티를 받는 것에 대해서 생각하지 못하였던 것이었다. 어쩌면 CDMA기술은 모두 퀄컴의 기술이라고 생각하고 포기했는지도 모른다. 비록 이론적인 CDMA방식 기술이 퀄컴의 것이라고 하더라도 이를 상용화하는 과정에서 새로운 기술들을 개발하게 된다면 이 기술들은 퀄컴의 것이 아니라, 이를 개발한 기업이나 연구소의 소유가 되는 것이었다. 그럼에도 불구하고 우리 기업과 ETRI는 이러한 사실에 대해서 무지하여 이를 간과하고 만 것이다. 이를 두고 어찌 어느 특정 연구소만을 탓할 수 있을까?

요즘에는 툭하면 특허소송이 벌어지는 특허전쟁의 시대이므로 이에 적극 대응할 필요가 있고 기업과 연구소들, 심지어는 중소기업, 대학들조차도 이에 촉각을 곤두세우고 어찌하든지 더 많은 지

식재산을 확보하고자 몸부림을 치고 있는 실정이지만, 당시에는 이러한 인식 기반이 부족하던 때였던 것이다. 다만 천문학적인 손실을 통해서 이러한 교훈을 배우게 되었다는 것이 다소 아쉬울 뿐이다.

다시 정리하자면 이렇다. 개인이든, 중소기업이든, 대학이든, 국책연구소나 대기업이든 관계없이 신기술을 개발하였다면 특허로서 보호받을 만한 것인지에 대해서 결정을 해야 한다. 시장이 주로 어디에 형성될 것인지를 예측하고 국내시장을 위한 것이라면 국내 특허출원으로 충분하겠지만 필요하다면 해외출원을 해야 한다. 일본, 중국, 미국, 유럽에 특허를 출원할 필요가 있는지 검토해야 한다. 다만 비용이 만만치 않기 때문에 신중하게 결정해야 한다.

이제 우리나라는 미국과 일본, 유럽, 중국에 이어서 해외출원을 많이 하는 나라이다. 그러나 해외출원 건수보다 더 중요한 것은 얼마나 강한 특허인가 하는 것이다. 그런 면에서 CDMA상용화기술은 정말 강한 특허가 될 수 있었다. 이만큼 강한 특허를 새로 만들어내는 것은 쉽지 않다. 하지만 그렇다고 지나간 일을 붙들고 후회해도 소용없다. 우리는 이제 분명 똑같은 실수는 하지 않을 것이다. 그러나 여전히 강한 특허에 대한 마인드가 없다면 약한 특허만 대량생산해낼 수 있다는 것을 명심해야 한다. 이런 실수를 하지 않기 위해서는 정부와 대기업뿐만 아니라, 창의적인 활동을 하는 일반인들도 강한 특허에 대한 마인드를 가져야 할 때이다. 그래야만 다시는 대박을 놓치는 일이 생기지 않게 된다.

CEO가 알아야 할 특허상식

특허침해에 대한 이해

한 중소기업 경영자인 H씨는 제품A 생산을 확장하면서 b를 접목시켜 제품 A+b를 생산하게 되었는데, 갑작스럽게 경쟁회사로부터 특허침해 경고장을 받았다. H씨는 어떻게 대응해야 할까? 제조업 또는 유통업을 하는 분들에게 있어서 특허침해 경고장을 받는 것은 정말 아찔한 경험이다. 특허침해 경고장을 받는 경우는 대체적으로 아래 3가지 경우에 해당할 것 같다.

첫째, H씨는 타인의 A+b 제품을 그대로 모방하여 생산하였으나, 타인에게 특허가 있다는 것을 알지 못하다가 경고장을 받는 경우가 있을 수 있다.

둘째로 타인의 A+b 제품에 특허가 있다는 사실을 이미 안 상태에서 회피를 위하여 약간의 변경을 가한 A+b' 제품으로 생산하다가 경고장을 받은 경우가 있을 수 있다.

셋째는 타인의 특허를 알지 못한 상태에서 처음부터 A+b' 제품을 생산하다가 경고장을 받은 경우이다.

새로운 사업을 시작할 때 오래전부터 있던 제품 A를 그대로 생산하되 가격경쟁력으로 사업을 하는 경우에는 큰 문제가 생기지 않는다. 다만 오래된 제품 A도 자체적으로 무엇인가를 개량해서 새로운 시도 b를 부가하는 경우에는 자신도 모르게 타인의 특허를 침해할 수 있으니 주의할 필요가 있다. 그렇기 때문에 개선된 아이템으로 사업을 하는 경우 사전에 타인이 이와 관련하여 특허를 보유하고 있지는 않은지 조사해야 한다. 다만 타인의 특허를 발견했더라도 그 특허권이 이미 소멸된 것이거나 아직 소멸되지 않았더라도 특허무효가 확실한 것이라면 안심할 수 있다.

새로운 아이템으로 사업을 시작하더라도 보통 CEO들은 타인의 특허 존재에 대해서 무관심한 경우가 많다. 특허침해는 타인의 특허 존재에 대해서 사전에 인지했었는지 여부와는 무관하다. 그러므로 당신이 타인의 특허에 대해서 인지하지 못하고 있었다고 하더라도 억울하다고 변명할 수 없는 것이다. 나의 새로운 기획제품과 동일한 타인의 특허는 땅에 묻힌 지뢰와 같다. 그 존재 여부를 알고 밟았든 모르고 밟았든 일단 밟으면 큰 피해를 입게 된다. 따라서 경영자는 어디에 숨어 있을지 모르는 지뢰밭과 같은 타인의 특허에 대해서 합리적인 대응전략을 가지고 있어야 한다.

가장 먼저 사업 도중에 폭발할 수 있는 타인의 특허가 존재하는 지를 미리 탐지해야 한다. 군인이 지뢰를 밟았을 때 누구를 탓할 수 없다. 땅에 지뢰가 묻힌 사실을 꼼꼼하게 점검하지 못한 책임이 있기 때문이다. 이처럼 사업을 하는 경영자는 신제품을 출시하기 전 신제품이 타인의 특허지뢰를 밟는 것이 아닌지를 꼼꼼하게 확인해야 한다. 특허지뢰를 밟고 나서는 특허가 있는지 몰랐다고 변명해도 소용없다. 침해금지판결을 받으면 생산제품 및 생산시설을 모두 폐기하고 특허권자에게 입힌 손해를 배상해야 할 수 있다.

국내에서만 제조하고 유통하는 것이라면 국내에 타인의 특허권이 이미 존재하는지 확인하면 충분하고, 국내에서 제조하고 미국으로 수출하는 경우라면 국내와 미국에서 이미 타인의 특허권이 있는 것인지 확인하면 된다. 최소한 이것만 잘해도 특허침해로 피소를 당하지 않을 수 있다. 그럼 앞에서 살펴본 세 가지 침해유형에 대해서 살펴보자. 앞에서 알아본 바와 같이 타인의 특허 존재여부를 알았는지 몰랐는지는 침해판단에서 아무런 차이가 없으므로 두 번째와 세 번째는 동일한 판단결과를 가지며 실질적으로 두 가지 경우만이 나타난다.

즉 본래의 제품 A에 부가된 부분(b 또는 b')이 타인의 특허를 침해하는지 보는 것이다. 이러한 경우 완전히 동일하게 되면(A+b) 문언침해라고 칭하고, 만약 완전히 동일하지 않다면(A+b') 문언침해가 아니라고 한다. 다만 문언침해가 아니더라도 균등침해에 해당할 수 있으므로 유의해야 한다. 아래 표에서는 침해유형에 대해서 아주 간단한 형식으로 분류해놓았지만, 실제 상황에서는 이처럼 간단하게 침해 여부를 판단할 수 있는 경우는 매우 드물다. 개별사건마다 참고 되는 선행기술에 대한 해석이 함께 이루어져야 하기 때문이다. 침해판단에 있어서 선행기술의 해석은 가장 어려운 부분이면서 가장 중요한 부분이다.

타인의 특허	A	b	침해 판단
나의 구제품	A	없음	침해(X)
나의 신제품1	A	b	문언침해(O)
나의 신제품2	A	b'	문언침해(X) 균등침해판단이 필요

특허지뢰를 탐색하는 중 새롭게 출시를 계획한 신제품 1(A+b)이 상대방의 특허를 문언침해하는 사실을 미리 알았다면 이에 대한 대응책은 세 가지 중 어느 하나가 될 것이다. ①타인의 특허가 무효에 해당하는지를 조사한다. ②균등침해가 아닌 신제품 2(A+b')로 설계 변경이 가능한지 조사한다. ③특허권자에게 로열티를 지불하거나 특허를 인수한다.

①과 같이 특허무효를 살피는 것은 앞에서 이미 알아보았다. 다만 특허등록무효심판 및 소송은 기간과 비용이 많이 소요되는 점을 고려해야 한다. ②와 같은 대응을 회피설계라고 하는데, 실질적으로 특허침해에 대한 회피의 효과를 거두기 위해서 조심스러운 접근이 필요하다. 특허기술과 다르게 변경하고자 한 회피설계(b')의 노력에도 불구하고 균등침해에 해당할 수 있으므로 균등침해

논리에 대한 대응책을 마련해야 한다. 쉽게 설명하자면 회피설계에도 불구하고 실질적으로 동일하다면 특허를 침해한 것으로 보는 입장이다. 회피설계가 어려운 경우라고 판단되면 안정적인 사업을 위하여 ③과 같이 로열티를 지불하든지 아니면 특허권을 인수해야 한다.

아직까지 우리나라에서는 특허침해로 판단이 나더라도 손해배상금 액수가 그리 크지 않기 때문에 특허침해를 중단하지 않고 사업을 확장하는 경우가 많다. 그렇다 보니 특허침해에 대한 다툼이 끊이질 않고 작은 기업이 큰 기업을 이길 수 없는 문제가 있다. 이에 따라서 우리나라도 점점 특허침해에 대한 손해배상 액수를 더욱 높여야 한다는 목소리가 커지고 있고 실제 특허권자의 손을 들어주는 판결이 이어지고 있다.

경고장에 대한 이해

　상대 기업이 나의 특허를 침해한다고 보일 때는 어떻게 대응해야 할까? 곧바로 경고장을 보내는 것이 현명한 일일까? 아니면 그 전에 다른 뭔가를 조사해 보아야 하는가? 특허법에서는 특허권을 보유하고 있을 때뿐만 아니라, 특허출원이 공개된 상태에서도 타인의 침해행위에 대해서 경고장을 보낼 수 있다고 명시되어 있다.

　그러나 기업 경영에 있어서도 상대를 존중하는 문화는 필요하다고 생각한다. 경고장을 보내더라도 상대 기업 제품이 우리 특허를 침해했다고 단정적인 문구로 협박할 것이 아니라, 특허침해 가능성에 대해서만 언급하는 것이 더 현명하다고 할 것이다. 특허침해를 확인하는 것은 상표침해와 달리 매우 판단이 어렵고 복잡하다. 상대 기업의 제품이 우리 기업의 특허를 침해했다고 단정하기가 쉽지 않다는 말이다. 특허문제로 지나치게 상대방을 자극하는 표현을 사용하는 것은 오히려 다른 경영상의 분쟁을 야기할 우려도 있다. 아무리 기업 경영이 경쟁이라고 하더라도 기업가 정신을 유지해야 한다.

일전에 특허권자가 특허침해를 이유로 경쟁사 제품의 유통업체에 경고장을 발송함으로써 경쟁사 제품의 유통거래를 중단시킨 적이 있었다. 이에 대해서 법원은 경쟁사 제품의 유통거래에 대해서 손해를 입혔다는 이유로 특허권자와 그 대리인에게 손해를 배상하라고 판결한 적이 있었다. 이는 무분별한 경고장 남발에 대한 일종의 경종이라고 할 수 있다. 특허침해 여부는 등록특허공보만으로 판단이 곤란하고 기타 여러 가지 상황을 종합적으로 살펴서 판단해야 하는 것이므로, 경고장 발송 시에도 특허침해의 우려를 표시하는 정도이어야지 특허를 침해했다며 협박하는 것은 바람직하지 않다.

특허권은 통상 상대방의 시장 진입을 차단하기 위해서 사용하는 것이지만, 혹시 홍보용으로 사용하거나 입찰자격 확보 등과 같은 다른 경영상 유익을 위해서 사용하는 경우라면, 상대방을 특허침해 경고장으로 자극하는 것은 유익하지 않다. 충분한 검토가 없이 경솔하게 경고장을 보내게 되면, 득보다 실이 많을 수 있다. 경고장을 보내는 순간 나의 특허는 상대방의 무효공격을 피할 수 없게 된다. 경고장을 받아 자존심에 상처를 입은 상대방은 나의 특허를 무효로 만들기 위해서 수단과 방법을 가리지 않고 공격을 가할 것이고, 그 공격이 나의 특허를 제대로 강타하면 한순간에 특허가 무효화될 뿐만 아니라, 그동안 직간접적으로 누리던 특허효과를 더 이상 누리지 못하게 되기 때문이다.

따라서 경고장을 발송하기 전에 먼저 나의 특허에 하자는 없는지, 특허가 다른 선행기술에 의해서 무효화될 수 있는 것은 아닌지 다시 꼼꼼하게 재검토할 필요가 있다. 그리고 가장 중요하게는 나의 특허권리범위가 상대방의 기술을 포함하는 것인지에 대한 충분한 검토가 있어야 한다. 이러한 검토는 이러한 문제에 정통한 변리사의 조언하에 신중하게 이루어져야 한다.

그렇다고 경고장에서 상대방을 배려하라는 것이 결코 특허소송에 소극적이 되라는 말은 아니다. 특허소송에 있어서도 도道가 필요하다는 것이다. 특허가 무효화되는 것이 두려워서 특허소송을 주저할 필요는 없다. 특허권은 무효에 해당하는 것이라면 무효가 되어야 한다. 당신의 특허도 무효가 되어야 한다면 불필요하게 등록료를 납부하면서 굳이 지킬 필요가 없다.

물론 당신이 특허권을 유지하는 이유가 순수하게 침해주장을 통해서 기술료를 받거나 침해금지권을 확보하기 위한 것이라면 무리를 해서라도 침해분쟁에 들어가는 것을 두려워할 필요가 없지만, 독점배타권 행사 외에 특허를 유지하는 다른 이유가 있다면 무리하게 특허소송을 진행할 필요가 없다. 자신의 특허에 대한 완전한 자신감이 있는지 철저하게 확인하는 과정을 거쳐야 한다.

특허의 등기부등본,
특허등록원부

모든 재산에는 권리의 등록 및 변동관계에 대하여 공시해 놓은 기록이 있다. 잘 알다시피 부동산에 대해서는 법원에서 관리하는 부동산 등기부등본이라는 것이 있다. 부동산 등기부등본에는 해당 부동산에 대한 정확한 정보, 접수날짜가 기록되어 있는데, 특히 건물의 위치·명칭·번호 등이 표시되며, 건물의 종류, 구조, 층수, 용도, 면적뿐만 아니라, 소유권의 이전상황이 상세하게 나오고 근저당설정상태 등이 기록되어 있다.

마찬가지로 특허도 일종의 재산권이다. 특별히 형태가 없다고 해서 무체재산권無體財産權이라고 부르지만 이 역시 재산에 대한 관리기록으로서 특허등록원부가 존재한다. 부동산 등기부등본과 같이 특허등록원부도 누구든지 열람할 수 있다. 특허등록원부에는 특허의 출원일, 등록일, 공고일뿐만 아니라 등록청구항 수도 나타나 있으며, 심판청구 및 소 제기 상황도 한 눈에 볼 수 있다. 또한 무효심판이 진행 중인지, 정정심판이 진행 중인지 등을 알 수 있으며 그 결과도 알 수 있다. 특허권의 이전 경위, 통상실시권 및 전용실시권의 설정여부, 저당설정관계 등도 알 수 있다. 이처럼 특허등록원부는 그 특허의 권리관계를 누구나 알 수 있도록 하기 위한 것으로, 인터넷(kipris.or.kr)을 통해서도 손쉽게 검색하여 열람해 볼 수 있으며 또는 등본발급신청도 가능하다.

그럼 특허등록원부가 구체적으로 어떠한 경우에 도움이 되는가? 등록특허공보에는 특허등록일과 등록번호가 기재되어 있다. 만약 당신이 어떤 제품에 대한 사업을 준비하고 있어서 키프리스kipris를 통해서 선행기술문헌 조사를 하였다고 하자. 그런데 뜻밖에도 거의 동일한 제품이 이미 등록특허공보에 공지되어 있다면, 갑자기 당황스러운 상황이 벌어진 것이다. 당신이 사업아이템으로 생각하고 있던 제품이 이미 누군가에 의해서 이미 착상이 이루어졌고 누군가에 의해서 특허등록이 이루어졌다는 사실만으로 매우 불길한 느낌이 들지 않을까? 하지만 당황해하지 말고 차근차근 특허등록원부를 살펴보자.

먼저 등록특허공보에 기재된 특허등록번호로 특허등록원부를 조회해보는 것이다. 특허등록원부에는 특허등록이 여전히 존속되고 있는 것인지, 20년 만료된 것인지, 아니면 중도에 연차등록료를 납부하지 아니하여서 특허권이 소멸된 것인지, 등록무효심판에 의해서 무효화된 것인지 등이 나타나 있다. 만약 특허권이 소멸되었거나 무효화된 것이라면 걱정할 필요가 전혀 없지 않겠는가? 비록 타인이 먼저 착상하여서 출원하여 등록을 받았다고 하더라도 여러 가지 이유에 의해서 특허권이 존속되고 있지 아니하다면 당신이 사업을 수행함에 있어서 아무런 장애도 받지 않을 것이다. 하지만 여전히 특허권이 유지되고 있다면 그 다음 단계의 조치를 해야 하는 것이다.

다음 단계 조치는 유효하게 존속하고 있는 특허권이라고 하더라도 특허가 포괄하는 권리범위를 살펴보는 것이다. 타인의 특허가 포괄하는 기술적인 권리범위는 청구범위라는 부분에 기재되어 있는데 우려했던 것과 달리 매우 협소하거나 다른 기술일 수 있으므로 이 부분을 유심하게 살펴야 한다. 물론 이 부분에 대한 해석은 고도의 전문성이 필요하므로 전문가의 도움을 받아야 한다.

그 다음 단계로 당신의 신제품기술이 타인의 특허발명의 권리범위에 속하는 것이 맞는 것으로 판단되면, 그 특허권자로부터 실시권을 받을 수 있는지 확인해야 할 것이다. 특허권을 전부 이전받거나 전용실시권 또는 통상실시권을 설정 받을 수도 있다. 여기서 전용실시권은 배타적 독점권을 행사할 수 있는 권리를 설정 받는 것으로서, 특허권자와의 계약에 따라서 지역적으로 또는 시기적으로 제한하여 독점적 실시권을 설정받는 것이며, 통상실시권은 독립하여 특허발명을 실시할 수 있는 권리를 부여받는 것일 뿐, 배타적 독점권을 행사할 수 없는 실시권이다.

특허권을 이전받거나, 통상실시권, 전용실시권을 설정 받고자

하는 의향이 있을지라도, 만약 특허등록원부에 무효심판예고등록
이 되어 있는 경우, 또는 정정심판예고등록이 되어 있는 경우에는
별도로 주의를 기울일 필요가 있다. 무효심판예고등록이 되어 있
다면 실제 무효심판 또는 소송이 진행 중이라는 것이므로 등록된
특허가 무효화될 가능성에 대해서 주의 깊게 살펴볼 필요가 있고,
정정심판예고등록이 되어 있다면 이로 인해서 권리범위가 변경될
수 있으므로, 이러한 경우에도 정정심판에 의해서 변경되는 권리
범위는 어떤 의미를 가지는지에 대해서도 주의 깊게 살펴보아야
한다.

특허등록원부를 보면, 특허권이 공동소유인 경우도 확인할 수
있다. 만약 특허에 대한 권리자가 2인 이상인 경우에 권리자 각자
는 독립하여 특허발명을 실시할 수 있는 권리를 가진 자이다. 개인
과 법인이 함께 특허를 공유하는 권리자인 경우도 있고, 개인과 개
인이, 법인과 법인이 공동으로 특허권을 소유한 경우도 있다.

특허권이 공동소유인 경우에는 권리의 이전이나, 통상실시권,
전용실시권을 설정할 때 특별히 더 유의해야 하는데, 이 경우에는
서로 상대방의 동의가 있어야만 특허권을 타인에게 이전하거나 통
상실시권, 전용실시권을 설정하는 것이 가능하다. 이는 일방이 특
허권에 대한 지분을 제3자에게 이전하게 될 때, 그 상대방은 큰 불
이익을 받을 수 있기 때문이다.

이상과 같이 간단하게 특허등록원부를 살펴보는 요령에 대해

서 설명하였다. 실제로 등록된 특허번호를 기초로 키프리스(kipris.
or.kr)에 접속해서 특허등록원부를 열람해보면서 그 의미를 이해해
보면 좋겠다.

내 특허가
타인의 특허를 침해한다?

한 연구원이 나에게 이런 질문을 했다. "우리 회사에서 독자적으로 개발하여 특허 받은 기술로 신제품을 출시하였는데, 타사로부터 특허를 침해했다는 경고장을 받았습니다. 우리는 상대방의 특허에 대해서 전혀 알지 못했고, 우리 제품 역시 특허를 받은 것인데 어떻게 상대방의 특허를 침해할 수 있는 것인지요?"

좀 더 구체적인 예로 설명해보자. 그 연구원의 회사 A가 a+b+c로 이루어진 가스누출경보장치에 대해서 특허 받았고, 그 장치를 생산하는 사업을 시작하였다. 그런데 어느 날 경쟁회사 B로부터 경고장을 받았다. 그 내용인 즉, '귀사께서는 폐사의 a+b로 구성된 발명특허를 침해한 것으로 보이니 침해행위를 중단해주십시

오.'라는 것이었다. 연구원은 자사에서 특허 받은 장치를 제조한 것뿐인데 어떻게 경쟁사의 특허를 침해할 수 있단 말인지 의문이 들었다.

자세히 살펴보면 A사에서 제조한 가스누출경보장치(a+b+c) 안에는 B사의 특허발명(a+b)이 포함되어 있는 경우이다. 그래서 A사가 자사의 특허발명을 실시하게 되면 자연히 B사의 특허발명도 실시하게 되는 것이다. 이러한 경우에서 후특허는 선특허를 이용하는 '이용관계'에 있다고 말한다. 이와 같이 이용관계에 있는 경우에도 특허침해가 성립한다.

어떻게 똑같은 특허인데, 하나의 특허가 다른 특허를 침해할 수 있는가? 이는 특허제도의 고유한 특성 때문에 가능하다. 특허법 제94조 '특허권자는 업業으로서 그 특허발명을 실시할 권리를 독점한다.'고 하는 규정에 의하면 특허권자는 자신의 특허를 독점적으로 행사할 수 있다. 그런데 특허법 제98조는 '특허권자는 특허발명이 특허출원일 전에 출원된 타인의 특허발명을 이용하는 경우에는 그 선특허권자의 허락을 받지 아니하고는 자기의 특허발명을 업으로서 실시할 수 없다.'라고 규정하고 있다. 결국 특허권자라고 하더라도 타인의 특허권을 침해해서는 안 되고 반드시 허락을 받고 실시를 해야 한다는 것이다.

좀 더 알기 쉬운 예를 들어보겠다. 만약 당신이 등받이가 둘로 갈라진 '듀오백'이라는 의자에 특수한 구조를 가진 스프링장치를 부가해서 더욱 안락한 의자를 만들었다고 하자. 그럼 당신은 특허를 받을 수 있겠지만, 그렇다고 해서 '듀오백'이라고 하는 등받이가 둘로 갈라진 구조에 대한 타인의 특허를 침해하지 않은 것이 아니다. 즉, 당신이 듀오백 의자의 특허권자의 허락 없이 그 스프링장치를 부가한 듀오백 의자를 만들게 될 경우 당신은 타인의 특허를 침해하게 된다. 타인의 특허가 일종의 원천특허인 셈이다.

또한 ETRI가 퀄컴의 CDMA원천통신특허를 이용하여 상용화기술에 대한 특허를 받았다고 하더라도 ETRI는 여전히 퀄컴의 CDMA통신특허를 그대로 이용한 것이고 특허를 침해한 것이 된다. 물론 퀄컴도 ETRI의 CDMA 상용화를 위한 기술에 대한 특허를 실시하고자 할 때는 ETRI의 허락을 받아야 한다. 이처럼 특허의 관계는 서로 물고 물리는 관계가 될 수 있다.

저작권법에서도 1차 저작물, 또는 2차 저작물에 기초하여 새로운 저작물을 만들어 활용하기 위해서는 그 기초가 되는 저작물의 저작자로부터 허락을 받아야 한다. 그렇지 않으면 저작물 침해에 해당한다. 특허에서도 타인의 특허를 이용하는 특허는 그 자체로 타인의 특허권을 침해한 것이 된다. 다만 저작권은 1차 저작물 또는 2차 저작물의 저작자가 누구인지 대부분 알 수 있다. 그러나 특허에서는 특별히 노력을 기울이지 않으면 자신의 특허가 이용하고 있는 타인의 특허에 대해서 미리 인지하기가 쉽지 않다.

특허는 아이디어를 대상으로 하기 때문에 동일한 아이디어를 착상하는 것이 얼마든지 가능하다. 그렇기 때문에 이에 대한 철저한 검증이 필요하다. 타인의 특허에 대해서 미리 인지하지 못한 상태

라고 하더라도 자신의 특허를 실시하는 것만으로도 타인의 특허를

침해한 것이므로 세심한 주의가 요구된다.

등록된 특허를 인수하기 전
살펴야 할 것들

지인이 나에게 물었다. 파력발전기술에 관한 특허를 가지고 있는데, 이 특허를 직접 실시할 수 없으니 국가에 기증하고 싶다는 것이다. 이 특허기술을 이용하면 파도가 밀려들어올 때뿐만 아니라 밀려나갈 때도 전기를 만들어낼 수 있다는 것이다. 대한민국 정부가 이 특허로 전력이 부족한 아프리카 국가들에 발전소를 지어주면 좋겠다는 것이다. 참으로 따뜻한 마음과 생각이다. 그러나 여기에는 몇 가지 문제가 있다. 기증하는 것이 특허가 아니라 오히려 현금이었다면 더 좋았을 텐데 말이다. 이분은 특허가 등록되기만 하면 그 자체로 현금성 가치가 있는 것이라고 여기는 것 같다. 특허라고 해서 모두 가치가 있는 것이 아니기 때문이다. 특허는 그 자체로 가치를 가지는 것이 아니라, 반드시 경쟁관계에서 발생한다. 즉, 누군가 이 특허기술을 경쟁적으로 이용하고자 할 때 가치가 올라간다. 만약 특허기술을 회피할 수 있는 대체기술이 존재한다면 이 특허는 가치가 급격하게 하락할 수밖에 없다.

좀 더 쉽게 설명하자면 금 가격이 올라가는 것은 금의 양이 한정되어 있는 반면, 금을 필요로 하고 금을 사고자 하는 이들이 많기 때문이다. 이처럼 특허의 가치는 특허기술을 실시함으로써 이익을 얻고자 하는 수요자가 많을수록 높아진다는 의미이다. 여러분이 특허라는 독점권을 가지고 있고 그 특허기술이 어떤 기술적 문제를 해결하는 데 있어서 유일한 수단이며, 경쟁자들이 모두 그 기술을 절박하게 사용하고 싶어할 때에 그 가치가 하늘을 찌르게 된다.

이러한 배경을 두고 이해한다면, 과연 특허만 있다고 아프리카에 파력발전소를 지을 수 있을까? 먼저 이분의 특허가 국내특허에 불과하다면 더욱 가치가 없다. 설령 그 특허가 국내에서 매우 가치 있는 기술이라고 하더라도 아프리카에서는 독점배타권을 가지지 못하기 때문에 어느 기업이든지 그 기술을 활용할 수 있을 것이다. 또한 파력발전소가 화석연료를 소비하지 않기 때문에 운영상으론 비용이 적게 들 수 있지만 그래도 초기 건설비용은 화력발전소에 비하여 더 많이 소요될 것이다. 우리 정부가 아프리카에 발전소를 지어주지 못하는 것은 특허기술이 없어서가 아니라 그만한 돈이 없기 때문이다.

더구나 정부에 특허를 기증한다고 하더라도 대한민국 정부는 특허를 필요로 하지 않는다. 정부는 출연연구소를 포함해 많은 연구소들의 기술개발 및 특허 획득을 지원하지만 실질적인 제조나 건설은 하지 않기 때문에 특허 받은 기술들을 모두 민간에 적정 가격으로 팔려고 할 뿐이다. 정부는 제조업을 하지 않기 때문에 특허 받은 그 많은 기술들을 실시할 수도 없다. 정부는 특허를 침해하는 기업이 외국 기업이 아닌 이상 국내 기업을 대상으로 특허소송을 진행할 수도 없다. 당연히 민간기업에 특허를 저렴하게 이전해서 국내 기업이 경쟁력을 가지도록 하고, 세금을 투입한 연구개발비를 건지려고 하는 것이다.

그러니 여러분이 괜찮은 특허를 가졌다는데 실시할 계획이 전혀 없다면 그 특허기술의 독점적 실시를 통해서 수익을 얻을 만한 민간기업이나 NPE를 찾아나서야 한다. 정부 및 정부출연 연구소에서 가지고 있는 특허는 민간기업에서 필요로 하지 않는다면 결국 애물단지가 되고 만다. 기업들은 경쟁기업과의 경쟁에서 우위를 점하는 데 도움이 될 때만이 특허가 가치가 있다고 생각한다. 이러한 특허를 발견할 수 있다면 막대한 자금을 들여서라도 특허권을 인수하려고 할 것이다.

한미약품은 새로운 당뇨병 신약을 개발하였고, 그 특허권을 5조 원에 외국 제약회사에 양도하였다. 이는 그 외국 제약회사가 특허권을 통해서 향후 누리게 될 독점배타적 이익을 생각하고 그만한 자금을 투자한 것이라고 할 수 있다. 만약 독점적 이익이 없다면 기업은 아무리 저렴한 가격이라도 특허를 인수하려 하지 않는다. 즉, 파력발전특허가 아무리 우수한 기술이라고 하더라도 독점적 지위를 가지지 못한다면 가치를 인정받을 수 없으며, 매년 특허

등록료를 납부해야 하는 애물단지로 전락하게 된다.

앞에서 살펴본 것들을 기초로 특허를 매입하기 전에 특허의 가치를 평가하기 위해서 고려해야 할 것들을 정리해 보았다.

첫째, 특허기술에서 해결하고자 하는 과제가 무엇이고 그 과제를 얼마나 효과적으로 해결할 수 있는 기술인지를 파악하고, 향후 시장에서 얼마나 반응이 좋을지 등을 생각해야 한다.

둘째, 특허가 무효로 될 가능성은 없는지에 대해서 검토해야 한다. 아무리 좋은 기술을 담고 있는 특허라고 하더라도 경쟁자의 무효공격에 의해서 무효가 될 여지가 충분히 있다면 특허를 매입해서는 안 된다. 불특허 대상에 해당하는 것인지, 실시 불가능한 기술이라든가, 또는 출원 전에 이미 공지된 기술이었는지 등을 검토해야 한다. 다만 특허가 무효화될 가능성이 존재하더라도 특허의 정정에 의해서 충분히 문제를 해결할 수 있는 것이라면 상관이 없다.

셋째, 경쟁자가 특허기술을 회피하는 것이 용이한 것인지에 대해서도 살펴야 한다. 만약 특허의 보호 범위가 지극히 좁게 설정이 되어 있어서 특허를 매입하더라도 누구나 그 특허를 회피할 수 있는 것이라면 그 또한 무용지물의 특허가 될 것이다. 무효가능성이 있는 경우와 달리 이 경우에는 특허의 정정에 의해서 문제를 해결할 수 없다. 왜냐면 특허의 정정은 청구범위를 확장하는 방향으로 할 수 없고 청구범위를 더 감축하는 방향으로만 가능하기 때문이

다. 따라서 이미 회피가 가능한 특허는 아무리 정정을 하더라도 회
피를 어렵게 할 수는 없다.

특허전략을 세우는
엔지니어 CEO

작은 기업이든 큰 기업이든 선진기업의 CEO는 미래를 내다보며 제품을 기획하고 설계하고 생산해야 한다. 한마디로 특허전략을 가지고 있어야 한다. CEO가 경영에 힘을 쏟기에도 바쁜데, 어떻게 일일이 특허전략에 기초하여 제품의 기획과 설계에 관여할 수 있느냐고 반문할 수 있다. 하지만 이것이 특허 중심으로 생각하는 CEO와 그렇지 않은 CEO의 차이다.

선진기업의 CEO는 제품의 생산과 판매에 열을 올리는 것보다 먼저 뛰어난 설계와 디자인, 그리고 법적인 보호를 통해서 회사의 이익률을 높이는 것을 더 중시한다. 왜냐하면 후자가 갖추어지면 전자는 저절로 해결이 되는 문제이기 때문이다. 그런데 일반적인 CEO는 그와 반대로 행동한다. 평소 제품의 품질을 높이거나 법적인 보호에는 그다지 신경을 쓰지 않다가 경쟁사가 유사제품을 내놓게 되어 점유율이 하락하는 것에 당황한다. 하지만 사태를 진화하기에는 너무 늦어버린 것이다.

　제임스 다이슨은 특허를 중시하는 CEO로서 특허기술을 회사의 혁신 이미지와 연결시키는 데 탁월한 재능을 가진 사람임에 틀림없다. 다이슨사의 TV광고를 보면 감탄이 절로 나온다. 다이슨사의 제품은 어떠한 점에서 경쟁사의 제품과 기술적 차이가 있는지를 시각적으로 보여주기 때문이다. 날개 없는 선풍기의 광고, 무선청소기 광고를 보고 있노라면 기술에 문외한인 소비자들조차도 이 기술이 다이슨사의 것이라고 확신하게 된다. 이러한 광고는 단순 기업이미지 광고가 아닌, 기업을 새로운 기술의 개척자로서 인식하게 한다. 또한 자신이 사용하는 청소기에 대한 소비자들의 이해를 높여서 사용만족도를 높인다고 할 수 있다.

　예를 들어서 다이슨사는 날개 없는 선풍기를 광고하면서 그 기술이 자신들의 것임을 선포하였다. 그럼 어느 누구도 이에 대해서 의문을 가지지 않게 된다. 사람들이 깜짝 놀란다는 사실만으로 특허성을 인정받은 것이다. 물론 사람들에게 알려진 특허라고 하더라도 무효가 안 되는 것은 아니다. 심지어 국내에서 장영실상과 같은 특허기술상을 받은 경우도 그 후에 특허등록이 무효화되는 경우도 있었다. 하지만 광고 등을 통해서 소비자를 놀라게 한 특허기술은 상식적으로 명백한 무효이유가 있는 경우가 아니라면 좀처럼 무효화되지 않을 것이다.

앞에서 언급했듯이 '날개 없는 선풍기' 광고는 단순 제품 홍보를 넘어서 다이슨사가 이 특허기술의 주인임을 만방에 선포하는 것이었고, 다이슨사는 확고해진 특허권을 기반으로 특허소송을 진행하여 국내 중소기업들이 날개 없는 선풍기 시장에 진입하는 것을 차단할 수 있었다. 특허소송이 나자 언론들은 앞다투어 특허분쟁소식과 그 승전보를 홍보해 주었다. 그들은 추가적인 돈을 들이지 않고서도 특허소송을 통해서 기술의 다이슨이라는 브랜드 이미지를 세상에 각인시켰다.

여러분이 이공계 출신 엔지니어 CEO, 기술개발자, 아직은 꿈꾸는 이공계 학생이라면 특허라는 녀석을 제대로 알아야 상황에 맞게 대처할 수 있지 않을까? 아무래도 대부분 엔지니어들은 기술을 습득하고 개발하는 데 몰입하기 때문이겠지만, 정작 개발한 기술을 어떠한 특허로 만들어내고 어떻게 보호를 받아야 할지에 대해서 관심을 두지 않는 경향이 있다. 이러한 원인은 특허 분야의 전문성 및 특수성에 기인한 것이기도 하지만, 무엇보다 특허에 대한 제대로 된 교육의 기회가 없었다고 하는 것이 맞을 것이다.

엔지니어들은 이렇게 말하기도 한다. "우리는 기술만 잘 개발하면 되고, 특허야 변리사 같은 전문가들이 알아서 해주는 것 아닙니까?" 특허전문가가 조언을 해줄 수 있다면 엔지니어가 굳이 특허를 이해할 필요까지는 없다고 생각한다. 그러나 변리사가 여러분 옆에서 365일 붙어서 일을 할 수는 없는 노릇이다. 특히 특허문제는 기술 개발 및 경영과 밀접한 관련이 있고, 나아가 사업의 성패와 직접적으로 관련된다. 그런데 이와 같이 중대한 문제를 다른 사람에게 맡겨두기만 하는 것이 바람직하다고 보는가? 사업에 있어서 여러 영역들을 아웃소싱하는 것이 보편화되고 있지만, 특허는 아웃소싱만으로 처리할 수 있는 문제가 아니다. 갈수록 연구개발과 지적재산권 문제는 기업의 핵심역량으로 자리매김하고 있다. 앞으로는 경영자와 엔지니어가 특허문제를 좀 더 밀착하여 살펴보고 자신만의 특허전략을 세워나가야 한다.

특허분쟁은 자신의 기술에 대한 자신감에서 표출되는 것이다. 자신감이 없는 기업은 특허분쟁을 일으키기 어렵다. 물론 무턱대고 특허분쟁을 일으키라는 말은 아니다. 치밀한 사전 조사를 통해서 특허분쟁의 승산을 예측한 후에 특허분쟁에 돌입해도 늦지 않다. 다만 특허분쟁에서 지는 한이 있더라도 지는 것을 두려워할 필요는 없다. 특허권을 믿고 침해소송을 일으켰는데 무효소송에서 져서 특허가 무효화되거나 침해소송에서 패배하는 것을 창피하게 생각해서는 절대로 신기술을 주도해 나갈 수 없다. 특히 국내에서 특허분쟁 경험을 많이 쌓아보자. 그런 다음 해외에서도 특허분쟁을 일으키자. 방어적인 자세를 벗어나서 공격적인 특허전략을 취할 때 진정 특허에 강한 기업이 된다.

경쟁사의
특허 등록 차단하기

좀 냉혹하게 말하면 특허심사관의 주 업무는 등록결정을 하는 것이 아니라, 거절결정을 하는 것이다. 왜냐하면 특허심사는 출원발명의 거절이유를 찾는 과정으로서, 거절이유를 찾지 못한다면 등록결정을 해야 하기 때문에 아무래도 거절이유를 찾고 거절하는 것이 심사의 대부분을 차지하게 된다.

그런데 비록 공식적인 특허심사관 자격은 아니지만, 누구든지 심사에 참여할 수 있는 길은 열려 있다는 사실을 알려주고 싶다. 지금부터 그 방법을 설명할 테니 꼭 메모해두고 기억하면 매우 유용할 것이다. 왜냐하면 이는 단순히 특허심사에 참여하는 것을 넘어서 향후 기술동향을 파악하고 경쟁회사의 특허 획득을 차단하는 것도 가능하기 때문이다.

　　모든 특허출원은 1년 6개월이 지나면 공개된다. 특허공개제도는 출원된 발명을 모든 이들이 볼 수 있도록 공개하여 지식이 확산될 수 있도록 한 것이다. 여러분은 인터넷을 통해서 타인의 모든 특허출원에 대해서 공개특허공보를 확인할 수 있을 것이다. 기본적으로 모든 특허출원은 공개공보로 발행되며, 심사결과에 따라서 등록결정 되고 등록료를 납부한 건은 등록특허공보로 발행된다.

　　따라서 갓 공개된 공개특허공보는 특허심사가 아직 완료되지 않은 것으로서, 이를 통해서 현재 출원상태에 있는 기술을 파악하고 선행기술을 조사하여 신규성 또는 진보성이 없다는 등의 거절의견을 적어서 심사관에게 보내줄 수 있다. 이를 '정보제공'이라고 한다. 여러분이 정보제출서라고 하는 서류에 첨부하여 관련 자료를 함께 제출하면, 심사관은 심사 시에 여러분이 제공한 정보를 참작하여 특허출원을 심사하게 될 것이다. 여러분은 이러한 방식으로 인터넷을 통해서 경쟁회사가 출원한 모든 발명에 대해서 확인할 수 있을 뿐만 아니라, 정보제공을 통해서 경쟁회사의 특허등록을 차단할 수 있으므로 얼마나 유용하고 효과적인 특허분쟁 대응방법인가?

　　오늘날은 나의 기술이 특허로 등록받도록 노력하는 것도 중요하지만, 경쟁회사의 핵심기술이 특허로 등록되지 못하도록 하는 것도 중요한 특허전략에 해당한다. 그런 면에서 심사관에게 심사정보를 제공하는 것은 당신이 할 수 있는 최선의 노력이라고 할 수 있다. 물론 심사관이 당신이 제공한 선행기술정보보다 더 가까운 선행기술을 검색하였다면 당신이 제공한 정보를 참작하여 심사하지 않겠지만, 그 제공된 정보가 유일하거나 더 가까운 선행기술에 해당한다면 심사관은 반드시 그 정보를 유용하게 사용하여 그 출원을 거절하게 될 것이다. 당신이 좋은 선행기술자료를 심사관에게 제공한다면 심사관은 어차피 해야 하는 서치를 대신 해준 당신에게 매우 감사하며 얼씨구나 할 것이다. 누이 좋고 매부 좋은 일이다.

종전부터 국내에서는 있던 제도이고 당연히 이 제도는 기업마다 가장 많이 활용해야 하는 제도임에도 불구하고, 활용이 극히 미흡한 것이 안타깝다. 공개특허공보를 통해서 경쟁사의 출원현황을 파악하고 경쟁사가 어떤 기술들을 중심으로 특허를 출원하는지를 보면 경쟁회사가 앞으로 나아갈 방향을 엿볼 수 있는데도 말이다. 특히 경쟁사의 특허출원이 특허로 등록되지 못하도록 심사관에 정보를 제공하는 것은 어쩌면 특허분쟁에 대비한 가장 효율적이면서 경제적인 방법이다. 일단 등록이 된 이후에 특허를 무효로 하기 위해서는 심판 및 소송과정을 거쳐야 하므로 비용 및 시간적인 면에서 매우 불리하게 되기 때문이다.

다만 이러한 정보제공제도는 공개특허공보가 발행된 경우에만 가능하다. 만약 공개특허공보의 발행 없이, 즉 1년 6개월 이전에 등록결정이 되고 등록특허공보가 발행되면 정보제공은 불가능하다. 특허심사가 너무 빨라진 데서 기인한 것이다. 이러한 경우에는 등록특허공보를 검토하여 특허취소신청을 할 수 있다. 이미 등록된 특허라도 6개월 이내 무효증거와 함께 특허취소신청을 하면 무효심판과 같이 번거로운 절차를 거치지 않고 간단한 수단에 의해서 경쟁사의 특허를 취소시킬 수 있다.

　특히 미국도 최근 개정된 발명자보호법을 통해서 이와 같은 정보제공제도를 강화하였다. 미국에서의 정보제공은 공개특허공보에 의한 공개일로부터 6개월 또는 최초 거절이유 통지 전까지 할 수 있도록 되어 있다.

　미국은 일단 특허가 등록된 이후에는 무효화시키기가 쉽지 않다. 심사 때보다도 더 명백한 증거를 요구할 뿐만 아니라 등록 이후에 수행되는 절차는 심사관에 의한 것이 아니라 우리나라의 특허심판원에 해당하는 미국심판항소위원회Patent Trial Appeals Board, PTAB에 의해서 수행되므로 시간과 비용이 더 많이 소요되는 것은 물론이다. 그러므로 이제는 한국의 연구원들도 관련분야의 미국 공개특허공보를 매 주마다 챙겨보아야 한다. 어떠한 기술들이 미국특허로 출원되었는지, 어떤 것들은 등록되어서는 안 되는지 파악해서 관련 정보를 미국 특허심사관에게 적극적으로 제공하길 바란다. 소송비용이 비싼 미국이야말로 이 제도를 활용할 때 유익함이 가장 많다. 이 정보제공제도를 이용하면, 심사관은 그 참작 결과를 여러분에게 또한 통지해 준다고 하니 흥미롭지 않은가? 한국 특허청뿐만 아니라 더욱이 미국 특허청에서 이루어지는 심사에 대해서 내가 직접 관여할 수 있으니 말이다.

　좀 더 구체적으로 예를 들어서 설명해 보겠다. 여러분이 애플의 특허등록을 방해하고자 한다면, 먼저 미국 공개특허공보들 중에서 애플이 특허출원한 것만을 선택해서 그 내용을 파악한다. 이들 중에서 이미 공지된 기술로 보이는 출원발명에 대해서는 공지사실을 보여줄 만한 선행기술문헌을 서치한다. 그 자료는 어떤 것이든 상관이 없다. 그 선행기술문헌이나 물품이 그 출원일 이전에 존재했다는 것을 입증할 수만 있으면 된다. 그리고 그와 함께 의견을 간단히 제출하기만 하면 된다. 그럼 여러분은 이미 반쯤 미국 특허심사관이 된 것이다. 비록 이러한 수고에 대해서 보수는 받을 수 없을지 몰라도 적어도 경쟁회사의 특허전략에 치명상을 가할 수 있고, 미국 특허청의 심사에 기여했다는 자부심을 동시에 받을 수 있다. 이처럼 우리나라 모든 연구소와 새로운 제품을 기획하는 개발팀들은 특허청의 제3자 정보제공제도를 적극적으로 활용하여 21세기 특허전쟁시대에 대비해 나가기를 바란다.

비용을 줄이는
투 트랙 특허전략

특허전략은 크게 두 가지로 나눌 수 있다. 하나는 공격 전략이고, 다른 하나는 방어 전략이다. 특허로서 경쟁자를 공격하기 위해서는 특허라는 무기, 즉 특허권을 만들어야 한다. 특허권이 기업 간 전쟁에서 무기이다. 특허라는 무기를 만들기 위해서는 먼저 연구개발을 통해서 발명을 해야 하고, 출원을 하며 심사를 거쳐서 특허등록이 되도록 해야 한다. 만약 건수가 많다면 이것만으로도 엄청난 비용이 소요된다. 문제는 특허등록만으로 보호를 받을 수 있는 것이 아니라는 것이다. 나아가 소송을 통해서 손해배상을 받아내야 하는 번거로운 일이 남아 있다. 그럼에도 불구하고 기업들이 특허를 획득하고자 하는 것은 이를 통해서 얻는 이익이 더 크기 때문일 것이다.

반면에 방어 전략은 상대방이 특허라는 무기를 만들지 못하도록 방해하는 것이고, 일단 특허가 만들어졌다면 그 특허를 무력화시키거나 특허를 피해가는 것이다. 그렇게 하기 위해서는 상대방이 어떠한 아이디어에 대해서 특허를 출원했는지, 어떠한 특허가 등록되었는지에 대해서 일거수일투족을 철저하게 감시해야 한다. 그렇다면 그때그때 적절한 전략을 생각해 낼 수 있다.

또 다른 방어 전략으로는 방어출원이 있다. 방어출원은 특허 획득이 목적이 아니고 단순히 타인이 특허 받지 못하도록 하는 것이 목적이다. 어떤 특허출원이든 1년 6개월이 되면 자연히 공개된다. 공개가 되었다는 것은 세상에 공공연하게 알려졌다는 뜻이고, 이후로는 어느 누구도 같은 내용으로는 특허 받을 수 없다는 것을 의미한다. 내가 그 아이디어를 실시하더라도 타인의 특허를 침해할 우려가 없다. 다만 이러한 방어출원도 내가 방어출원하기 전에 타인이 이미 특허를 받아둔 것에 대해서까지 방어를 해주는 것은 아니라는 점은 유의해야 한다.

방어출원의 이점은 무엇인가? 일반적으로 방어출원에 대해서는 심사청구를 하지 않는다. 그러므로 비용이 저렴하게 되고, 명세서를 잘 기재해야 한다는 부담도 적다. 이렇게 방어출원을 하게 되면, 아무래도 정말 중요한 특허에 역량을 집중할 수 있다. 다시 말해 비용이 충분하지 않을 때 모든 특허출원에 대해서 동일한 비용을 지출하는 것은 바람직하지 않다. 중요한 특허출원에는 시간과 비용을 더 들이더라도 완성도를 높이고 중요치 않은 특허출원은 방어출원으로 갈음하더라도 상관없다. 우리나라 특허출원제도에서는 심사청구가 선택적이기 때문에 방어출원을 위해서라면 심사청구를 하지 않아도 된다. 물론 방어출원을 대신할 더 저렴한 아이디어 공개방법은 많다. 공개일을 확인할 수 있는 관련 잡지 또는 신뢰할 만한 인터넷 포탈 등에 아이디어 내용을 게재하는 것도 좋은 방법이다.

하지만 방어출원을 하는 것으로 안심할 수만은 없다. 자신이 이미 방어출원한 기술에 대해서 타인이 특허출원을 하면 당연히 거절되어야 맞지만, 어떠한 이유에서든 간에 타인이 특허등록을 받을 가능성을 전혀 배제할 수는 없기 때문이다. 그럼 어쩌란 말인가? 앞에서 강조한 바와 같이 방어출원 이후에도 항상 경쟁사의 특허공개공보를 살펴야 한다. 그리고 정보제공제도 및 특허취소신청제도 등을 이용하여 타인이 특허를 받지 못하도록 하고, 등록된 특허라도 조기에 취소시키는 것이 바람직하다.

대부분의 다국적 기업들은 수많은 특허를 출원해야 하기 때문에 이러한 투 트랙 전략을 쓰고 있다. 예를 들어서, MS는 세계에서 가장 많은 특허를 출원하는 기업 중 하나인데, 출원비용을 줄이되 좋은 발명들에 대해서는 차후에 발생할 특허침해에 대비하기 위해서 명세서가 완벽하게 작성되도록 관심을 가지고 있다. 그리고 중요하지 않은 특허출원에 대해서는 저렴한 특허비용으로 출원을 하고 있다. 물론 MS만 그렇다고 할 수 없다. 많은 특허출원을 자국뿐만 아니라 해외에도 출원해야 하는 거대 다국적 기업의 경우에는 이러한 투 트랙 방식으로 특허출원을 하는 쪽으로 전략이 바뀌고 있다.

개인발명가도 마찬가지다. 별로 중요하지 않은 발명에 대해서는 개인이 직접 명세서를 작성하더라도 큰 문제가 없다. 시험 삼아서 한번 작성하고 출원해보는 것도 시간만 허락한다면 좋은 시도가 될 수 있다. 그러나 사업운명이 달린 발명에 대한 명세서는 더욱 신경을 써서 작성을 해야 한다. 필자는 잘못된 명세서로 좋은 발명을 망치는 경우를 수도 없이 보아왔다. 그렇다고 해서 개인발명가들은 반드시 명세서를 잘 쓰지 못한다는 것은 아니다. 의외로 개인발명가들이 명세서를 잘 쓰는 경우도 있다. 직접 명세서를 작성하기 위해서는 특허법도 공부해야 하고, 명세서를 쓰는 연습도 많이 해야 한다. 시간도 많이 소요된다.

중요하지 않은 발명은 직접 작성하거나 저렴한 비용으로 방어출원을 해도 상관이 없지만, 중요한 발명은 신뢰할 만한 전문가에게 맡기고, 그것으로 끝나는 것이 아니라 전문가가 작성한 명세서라도 꼼꼼하게 검토해서 피드백을 주어야 한다. 그래야 나중에 후회를 하지 않을 수 있다. 반드시 많은 비용을 들여야 강한 특허를 만들 수 있는 것은 아니지만, 전문가와 더불어 많은 관심과 시간을 쏟아부어야 강한 특허가 만들어질 수 있다.

Strong patents make you strong

6

강한
특허로
판을
뒤집어라

다이슨에게 배우는
실전 사례

1) 완전히 새로운 것이란 없다. 종래기술을 개량하라

다이슨사의 날개 없는 선풍기는 출시되자마자 세간의 큰 관심을 모았다. 날개 없는 선풍기는 상품화된 적이 없었기 때문이다. 그러나 앞에서 보았듯이 날개 없는 선풍기는 이미 다른 발명가의 머릿속에서 착안된 적이 있었고 이것이 특허공보를 통해서 세상에 알려진 것이었다. 원형테두리에 공기틈새가 구비된 날개 없는 선풍기는 원래 공공의 영역public domain에 속하던 것으로서 주인이 없던 것이었다.

그러나 대부분의 사람들은 이 특허공보를 발견조차 하지 못했을 뿐만 아니라, 이미 발견한 이들조차도 이를 상품화할 생각을 못 했던 모양이다. 오직 다이슨만이 이를 보고 상품화하고자 결단하였다. 왜 이러한 차이가 있었을까? 아마도 상품화과정에서 문제점들이 드러났을 것이다. 바람이 너무 약해서 선풍기로 쓸 수 없다는 것이 가장 큰 문제점이었을 것이다. 하지만 다이슨사는 상품화 과정에서 바람의 세기를 강하게 할 수 있는 아이디어를 찾아내는 데 집중하였다. 그리고 이제 다이슨은 그 기술의 주인이 되었다.

이처럼 누구나 공공영역의 기술을 개량하면 맨땅에서 시작하는 것에 비하여 어렵지 않게 기술을 자기 것으로 만들 수 있다. 누구나 특허공보에서 금강석을 발견할 수 있으며, 가공하여 세계에서 가장 아름다운 다이아몬드를 탄생시킬 수 있다.

여러분도 자신이 속한 회사에서 신제품에 대해서 고민하고 있는가? 그렇다면 이러한 특허공보를 유심히 살펴보라. 특허공보에는 오랫동안 수많은 사람들이 생각해 낸 수많은 아이디어들이 금광처럼 묻혀있기 때문이다.

2) 청구범위를 정확하게 이해하라

그렇다면 먼저 다이슨의 '날개 없는 선풍기'가 왜 강한 특허인지 특허공보에 기재된 청구범위를 살펴보자. 청구범위에 기재된 청구항 1, 2, 3은 모두 각각의 개별 발명들이다. 그중에서 청구항 1을 살펴보자.

청구항 1: 기류를 발생시키기 위한 무블레이드 선풍기 조립체bladeless fan

assembly로서 공기 유동을 발생시키기 위한 수단을 포함하는 베이스부, 상기 공기 유동이 유입되는 내부 통로를 포함하며, 상기 베이스부상에 탑재된 노즐 및 상기 공기 유동을 방출시키기 위한 마우스부mouth를 포함하고, 상기 노즐은 상기 마우스부로부터 방출되는 공기 유동에 의해 상기 선풍기 조립체 외부로부터 공기가 유입되는 개구를 형성하도록 축을 중심으로 연장되며(구성 1), 상기 노즐은 공기 유동을 유도할 수 있도록 상기 마우스부가 배치되는 표면을 포함하고, 상기 표면은 상기 축으로부터 테이퍼가 진 디퓨저부diffuser portion 및 상기 디퓨저부의 하류부에 각을 이루며 위치된 가이드부guide portion를 포함하는(구성 2), 무블레이드 선풍기 조립체

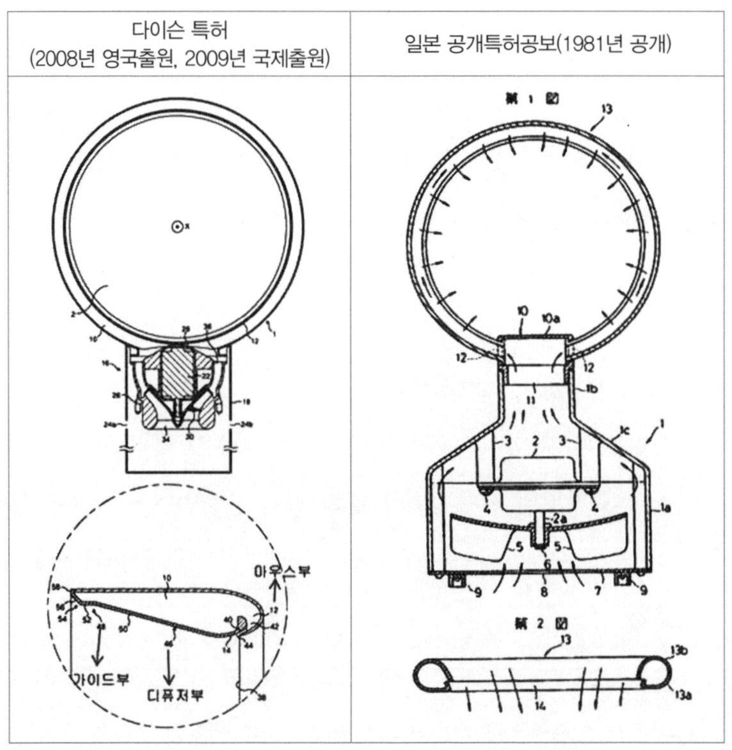

다이슨 특허 (2008년 영국출원, 2009년 국제출원)	일본 공개특허공보(1981년 공개)

청구항 1에 기재된 선풍기 조립체는 크게 두 부분으로 나누어진다. 먼저 구성 1은 이미 일본 공개특허공보에 게재된 공지기술 부분이고, 구성 2는 다이슨에서 새롭게 부가한 기술적 특징부에 해당한다. 모든 아이디어는 공지기술 부분과 새로운 아이디어가 결합되는 것이다. 물론 어떤 발명들은 그 구분이 쉽지만 어떤 발명들은 공지기술과 새로운 아이디어를 구분하는 것조차도 쉽지 않다.

청구항 1의 구성 1은 일본 공개특허공보의 선행발명과 비교해보더라도 기본적인 개념에서 차이가 없다. 결국 다이슨 특허의 핵심은 구성 1이 아닌 구성 2에 있다는 것을 알 수 있다. 구성 2인 노즐부는 또다시 마우스부, 디퓨저부, 가이드부로 이루어져 있는데, 이들 용어들이 무슨 말인지 이해가 되지 않는다면 앞에 도시된 도면을 통해서 각 구성을 파악해보자. 그럼 한결 쉽게 다이슨 특허의 내용이 이해될 것이다. 즉, 마우스부, 디퓨저부, 가이드부는 공기의 흐름을 안내하는 부분이다.

3) 다이슨 특허를 회피하라

다이슨 특허는 전체적으로 유도공기를 발생시키는 베이스부와 유도된 공기를 방출하는 환형노즐로 구성된 것으로 특히 다이슨 특허의 환형노즐에는 공기 유동을 유도할 수 있도록 마우스부가 배치되는 것인데, 이 표면은 테이퍼가 진 디퓨저부와 그 하류부에 각을 이루며 위치된 가이드부가 구비된 것이다.

그런데 이 구성적 특징은 선행기술문헌에 나타나 있지 않다. 다이슨의 특허소송에 휘말린 중소기업들은 다이슨 특허를 회피하기 위해서 다양한 시도를 했다. 다이슨의 특허를 침해하지 않으면서 동일한 효과를 가질 수는 없을까 무척 고민했다. 다이슨의 특허보호범위에서 벗어나기 위해서는 환형노즐에 디퓨저부와 가이드부가 없어야 한다. '필수구성요소 완비의 원칙All Element Rule'에 의해서 구성 1과 2를 모두 포함하고 있어야 다이슨 특허를 침해하는 것이기 때문이다. 그러나 문제는 이들 선풍기들이 디퓨저부와 가이드부가 없이는 바람이 효과적으로 잘 나오지 않는다는 것이었다.

결국 국내 중소기업들은 다이슨 특허를 회피하기 위해서 디퓨저부와 가이드부가 없는, 바람이 신통하지 않은 날개 없는 선풍기를 내놓을 수밖에 없었다. 물론 다이슨사의 특허를 무효화시키기 위해서 다양한 증거들을 제시했지만, 다이슨사의 특허를 무효화시키지 못했다. 이것이 강한 특허이다. 피할 수도 없고 무효화시킬 수도 없는 특허 말이다. 이러한 특허를 만들어내는 것이 특허전략의 핵심이다.

내가 이 사례를 보여주는 것은 다이슨 선풍기를 홍보하기 위한 것이 아니다. 다만 그들이 발명을 이끌어내는 과정을 탐색하기 위해서 그들의 모범사례를 연구한 것이다. 특허데이터를 잘 활용한 다이슨의 특허전략을 그대로 따라만 해도 국내 기업들, 특히 중소기업들도 자체적으로 특허전략 포트폴리오를 짤 수 있게 된다.

다이슨의 특허전략 중 특이한 점이 또 하나 있다. 광고를 이용한 특허 홍보 전략이다. 각종 미디어를 통해서 날개 없는 선풍기가 자신만의 특유한 특허기술임을 만방에 알리는 것이다. 그러면 소비자뿐만 아니라, 동종 업계의 경쟁자들도 이 기술에 대한 특허권자가 누구인가에 대해서 의심을 하지 않게 된다. 다이슨의 광고를 유심히 보면 이 점에 포커스가 되어 있다는 것을 한눈에 알 수 있다.

창조적 브레인이
경쟁력의 원천이다

웹툰 '미생'이 돌풍을 일으키면서 이를 바탕으로 한 드라마 '미생' 또한 인기를 크게 얻었다. '미생'의 작가, 윤태호 씨는 이 작품으로 인해서 20억 원의 인세를 받았다는 신문기사를 읽었다. 오랜 기간 동안에 만들어낸 역작이라는 점을 감안하면 결코 많은 액수라고 할 수 없지만 이러한 작가들이 희소한 국내 상황을 생각하면 세간의 주목을 받을 만하다. 우리집 딸도 중3에 작가로 데뷔했다. 네이버 웹소설에 매주 2~3회씩 연재소설을 쓰고 있는데, 짭짤한 용돈벌이를 하고 있다. 고2지만 지금도 여전히 웹소설을 쓰고 있는 딸아이를 보면서 경제적 가치를 창출하는 수단이 과거와 달라졌음을 실감한다. 생산수단이 토지, 상점, 공장 등으로 국한된 것이 아니라 창조적인 브레인으로까지 확장되고 있는 것을 실감하게 된다.

　물론 최근에도 전통적인 생산수단이 여전히 많은 영향력을 가지고 있는 것이 사실이다. 그러나 토지라는 것은 미래의 투자가치로서 의미만 가지고 있을 뿐, 그 자체로 생산수단의 가치를 잃어버린 지 오래다. 차를 타고 둘러보면 놀고 있는 땅들이 얼마나 많은지 쉽게 알 수 있다. 공장들도 가동률이 70% 정도로 떨어진 상태이다. 그만큼 생산수단이 놀고 있다.

　이제는 더 이상 전통적인 생산수단을 가지고 있는지, 그렇지 않은지는 중요하지 않게 되었다. 애플만 보더라도 전통적인 생산수단인 공장을 가지고 있지 않다. 애플은 미국 내 생산을 시도하려고 해도 생산속도, 품질과 가격을 뒷받침할 생산시스템이 없기 때문에 중국 폭스콘에서 제조하는 것을 선택했다. 그럼에도 실제 돈을 버는 것은 폭스콘보다는 애플이다.

　이렇듯 생산수단보다도 창조적 브레인이 중요한 시대가 되었다. 한 개인이라고 하더라도 지식을 만들어 낼 수 있다면 하나의 거대한 기업이 될 수 있다. 조앤 케이 롤링Joan K, Rowling은 해리 포터 하나로 벌어들인 인세소득만 1조 원이 넘었고, 그녀의 작품으로 인한 파급효과는 수백 조 원에 이른다고 한다. 누구나 자신의 방안에서 차별화된 아름다운 스마트폰을 생각해 낼 수 있다면 세계 제1의 기업 애플도 꺾을 수 있는 시대가 된 것이다. 어렵긴 하지만 그렇다고 전혀 불가능한 것도 아니다. 설령 혼자서 어렵다면 몇 명이 모이면 가능성은 훨씬 높아진다.

10여 년 전만 하더라도 CD, MP3플레이어가 주름잡던 시절이었다. 당시 국내기업 아이리버는 정말 대단했다. 파나소닉, 소니를 제치고 가장 얇고 가장 아름다운 멀티코덱 CD플레이어를 만들어냈고 미국 시장에서 최고의 시장 점유율을 기록했었다. 거대 일본 기업들을 제치고 혁신적인 제품을 만들어 낸 것이다. 창조적인 부분은 조직의 영역이 아니라, 개개인의 영역이기 때문이다. 창조적이지 않으면 살아남을 수 없는 시대가 되었다. 앞으로 우리 기업들은 어떻게 대응해야 할 것인가?

첫째, 엉뚱한 상상을 받아들여라

대부분의 혁신적인 기술들은 엉뚱한 발상에서 시작된다. 어쩌면 기존의 기술과 크게 다르게 보이지 않는다. 마치 나뭇가지와 같다. 나뭇가지로부터 새로 나오는 새 가지는 기존 가지로부터 나오지만, 처음에는 잘 표가 나지 않는다. 그러다가 점점 그 새로운 가지가 자람에 따라서 새로운 가지라는 것이 분명해진다. 이처럼 새로운 기술들도 기존 기술의 한 부분처럼 보인다. 그냥 방향만 살짝 바꾼 것뿐이다. 처음에는 대수롭지 않게 보이던 기술이 연구를 거듭할수록 출중해지게 된다.

3D 프린터를 생각해보자. 1983년 찰스 헐Charles W. Hull은 자외선을 이용하여 테이블 위에 경화코팅을 하다가 처음으로 입체적인 3D 프린터에 대해서 착안하게 되었다고 한다. 그는 대학에서 물리학을 전공했기 때문에 이론적 배경을 가지고 있었고, 실제 이러한

장치가 가능할 것이라는 것을 인식하게 되었던 것이다.

사실 지금이니까 '3D프린터'라고 불리지만 당시에는 '입체패턴형성장치apparatus for stereo-lithography'라고 불렸다. 당시는 도트프린터를 사용하여 종이에 인쇄를 하던 때였다. 이 입체패턴형성장치는 도트프린터와 전혀 다른 기술이라고 할 수 있다. 지금은 이를 2D 프린터와 대비하여 3D 프린터라고 하지만, 당시 찰스 헐은 이를 프린팅 기술이라고 인식하지 못했다. 특히 처음 시도에서부터 순탄한 것도 아니었다. 프린팅 품질이 좋지도 않고 속도도 매우 느렸다. 이쯤 되면 새로운 생각은 처음부터 반대의견에 부딪히는 것이 당연하다.

외부에서 제기되는 반대뿐만 아니라, 내부에서 일어나는 부정적인 생각은 새로운 시도를 가로막게 된다. 하지만 새로운 기술이란 처음부터 완벽한 기술로 탄생하는 것이 아니라, 점진적으로 개선되는 것이다. 결국 점진적인 개선이 이루어진 '입체패턴형성장치'는 3D 프린터라고 불리며 특허권으로 시장을 선점해버렸다.

위대한 발명은 대부분 당장에는 엉뚱하게 보이는 생각들이다. 엉뚱한 생각들이 위대한 발명으로 탈바꿈하기 위해서는 초기 단계에서 결코 무시하지 말고 받아들여져야 한다. 특히 새로운 생각을 제안하는 이들이 조직 내에서 아랫사람일수록 더욱 그러하다. 일본 기업들도 여전히 미국이나 유럽의 기술에 많이 의존하고 있는 것이 사실이지만, 그래도 매우 혁신적인 기술들을 많이 만들어낸다. 특허출원된 발명들을 보면, 상당히 엉뚱한 것들을 많이 발견하게 된다. 심지어 어이가 없기도 하다.

하지만 기발한 아이디어들이 존중되는 환경에서는 아이디어가 단순 아이디어로 끝나지 아니하고 환상적인 기술로 완성도를 높여간다. 아무리 아이디어가 훌륭해도 완성도가 높지 않으면 소용이 없다. 만약 정전식 터치스크린의 아이디어가 제아무리 훌륭했다고 하더라도 터치 감도의 완성도를 높이지 못했다면 감압식을 이기지 못했을 것이다. 그만큼 좋은 아이디어에 시간과 노력을 투입해서 완성도를 높여야만 성장가능성이 생기게 된다.

둘째, 3D 프린터를 통한 생산수단을 이용하라

3D 프린터가 지식산업과 맞물려 새로운 산업혁명을 일으킬 것으로 기대를 모으고 있다. 제임스 와트의 증기기관이 가내수공업 위주의 산업을 공장 위주의 산업으로 바꿈으로써 제조업 혁명을 촉발하고 대량생산 시스템을 가능하게 하였다면, 이제 개인들의 창조적 지식들이 컴퓨터와 3D 프린터에 결합되어 다시 소규모 단위들이 생산의 주체로 떠오르게 된 것이다. 물론 3D 프린터에 의한 생산은 속도와 품질 면에서 아직 금형에 비할 바는 못 된다. 그러나 3D 프린터가 금형의 효율을 앞서게 되는 것은 단지 시간문제일 뿐이다.

과거에는 공장이라는 생산수단을 가지지 못하면, 시장이 요구하는 제품을 만들어 내거나 생산하는 것이 불가능하였다. 비록 지식으로서 특허를 획득하였다고 하더라도 이를 기초로 직접 제품을 생산하는 것이 불가능하였다. 그렇다 보니 개인이나 중소기업은 항상 거대 제조업체에 비하여 불리한 위치에 놓여 있었다. 그러나 이제 개인이라도 3D 프린터를 통해서 자신의 특허제품을 얼마든지 생산할 수 있게 되었다. 예를 들어 세상에서 유통되는 스마트폰과 다른 모양을 가진 스마트폰을 직접 만드는 것도 가능해졌다. 대기업의 스마트폰 디자인이 맘에 들지 않는다면, 새로운 디자인을 직접 창작하여 만들어 볼 수 있게 되었다. 곧 사람마다 다른 스마트폰을 가지고 다니는 시대가 올지도 모른다.

전주 한옥마을에서 한지를 이용한 인형을 만들고 있는 박금숙 대표는 3D 프린터를 이용하여 새로운 시대를 열어가고 있다. 그녀는 원래 한지만으로 인형을 만들거나 비싼 금형으로 일률적으로 만들어진 플라스틱 인형 위에 한지를 덧씌워서 한지인형을 만들었다. 하지만 이제 그녀는 3D 프린터로 다양한 인형 모양들을 만들어 내고 한지를 덧씌워 그만의 독특한 한지인형으로 탈바꿈시키고 있다. 이처럼 3D 프린터는 기존의 지식산업과 맞물려서 제2의 제조업혁명을 일으키고 있는 것이다.

연구원이
창의적으로 일하게 하라

시대를 거슬러 올라가보면, 과거 위대한 발명들은 거대자본을 가진 기업이 아닌 창의적인 개인들의 도전에서 나왔다. 제임스 와트, 토마스 에디슨, 그레함 벨, 라이트 형제 등 이름만 들어도 알 수 있는 위대한 발명가들은 어느 대기업의 소속이 아닌 개인 또는 공동 연구실에서 연구 활동을 하였다. 이들의 위대한 발명들은 인류에게 가장 필요한 기본적인 발명들이었다. 이뿐만 아니라 녹음기, 에어컨, 냉장고, 세탁기, TV, 비행기, 제트기, 헬리콥터 등 모두 개인발명가들이 착안해 낸 것들이다.

그러나 2차 세계대전 이후에는 새로운 발명들의 출현이 급속히 줄고 기존의 발명품들을 최적화하는 단계로 접어들었다. 새로운 개념을 만들어내는 것은 천재 같은 개인들의 머리에서 나올 수 있지만, 이들을 최적화하는 단계는 혼자의 힘으로 불가능하다. 기업들은 새로운 개념들을 만들어내고 제품화하는 것이 아니라 기존의 아이디어에서 나온 발명들을 개선하는 것에 치중하면서 산업 발달을 견인하여 왔다. 그런 점에서 20세기 후반부터 발명의 주역은 개인에서 기업으로 옮겨졌다.

기술집약적인 산업일수록 이러한 경향이 강해져서 석·박사들로 이루어진 연구소에서 산업을 선도하는 핵심기술들이 개발되고 있다. 이렇게 사용자(회사)의 업무범위 내에서 종업원이 착안해 낸 발명을 직무발명이라고 부른다. 과거에는 개인발명이 많았다면 이제는 직무발명이 많아진 셈이다.

그렇다면 기업은 종업원 특히, 연구원들을 어떻게 보아야 하는가? 이들은 세계시장에 경쟁력 있는 제품을 내놓기 위해서 몰두하는 기업의 첨병들이지 않은가? 그럼에도 불구하고 연구원들은 혁신적인 기술들에 대해서 충분한 보상을 받지 못하고 있다. 개발동기를 부여한다는 차원에서 직무발명 보상금을 충분히 높여야 한다. 물론 회사 입장에서는 억울할 수 있다. 회사는 이들 연구원들의 노력에 대한 대가로서 이미 급여나 보너스를 지급하였고, 별도로 직무발명보상금을 지급할 여력이 없다. 법원의 판결에 따라 갑자기 지급해야 할 수억 원의 보상금이 하늘에서 뚝 떨어지는 것도 아니다.

그럼 사용자 측에서 볼 때 부당하게 보이는 문제점들에도 불구하고, 국가가 장려하는 직무발명보상제도는 왜 회사로 하여금 발명자에게 급여 외에 별도의 직무발명보상금을 주도록 강제하는 것일까? 이는 발명가 개인을 보호하기 위한 것이라기보다는 기업의 경쟁력을 높이기 위한 것이다. 다시 말하면 이러한 직무발명보상제도를 통해서 연구원들이 자발적으로 창의력을 발휘하여 기업에 유익을 제공하도록 유인하기 위함이다.

그럼에도 불구하고 기업에서는 충분한 재정적 여력이 없다는 이유로 직무발명보상제도를 적극적으로 활용하고 있지 못할 뿐만 아니라, 통상은 창의적인 연구원보다는 성실한 연구원에게 더 많은 보상을 한다. 프로야구의 세계에서는 성실한 타자보다 필요할 때 안타를 때려주는 타자를 선호한다. 3할 타자와 2할 타자의 연봉은 결코 타율에 비례하지 않는다. 3할 타자는 2할 타자보다 몇 배 많은 연봉을 받는다. 심지어는 10배 이상 차이가 나기도 한다. 이러한 FA급 연구원들이 기업에서도 나와야 한다. 비록 모든 연구원들에게 이런 대우를 할 수 없을지라도 특허로 대박을 터트린 연구원들에 대한 적절한 보상은 결국 기업의 수익증대라는 선순환으로 이어질 것이라는 확신을 가져야 한다.

아이디어맨들은
특허괴물과 손을 잡아라

앞에서 이야기했듯이 에디슨이나 라이트 형제 그리고 제임스 와트 등의 발명가들도 독점배타적 지위를 누리기 위해서 직접 특허소송에 나섰다. 그러나 나는 아이디어맨들에게 특허소송 하는 발명가가 되지 말라고 당부하고 싶다.

나는 대표적인 골리앗과 다윗의 싸움으로 알려진 삼성전자와 천지인 휴대폰 자판을 개발한 B씨의 사례가 매우 궁금했다. 이 사건의 전말이 어떠한 것인지 처음부터 끝까지 자료를 찾아보았다. 그 이야기는 이러하였다.

당시 B씨와 같이 삼성전자 직원이었던 A씨는 문자입력코드 발생방법 및 장치에 관한 아이디어를 직무발명(한글 모음을 입력시키기 위한 스트로크↓ . →를 각각 세 개의 숫자키에 할당하고 필기획순에 입각하여 단모음 및 복모음의 코드벡터를 발생하게 한 것)으로 회사에 신고하였고, 회사는 이를 기초로 1995년 출원하여 특허1, 특허2를 획득하게 되었다.

한편, 동 회사 직원이었던 B씨 또한 1996년 '콤팩트 키보드의 한글코드 입력 장치'(모음의 자획 ㅣ . ㅡ을 세 키에 하나씩 할당하여 고유 코드를 부여하되 필기 순으로 키를 입력하여 단모음 및 복모음 코드를 산출하게 한 것, 일명 천지인 관련 특허)에 관한 아이디어를 직무발명으로 신고하였다. 그러나 삼성전자는 이미 직원 A씨로부터 관련 발명을 승계 받아서 특허출원하였기 때문에 굳이 유사한 기술을 다시 승계 받아서 직무발명으로서 출원할 필요를 느끼지 못해 승계를 거부하였고, B씨는 자신의 이름으로 출원하여 특허등록(특허3, 특허4)을 받게 되었다.

그 후 2002년 B씨는 재직 중에 삼성전자를 상대로 특허침해소송을 제기하면서 900억 원의 손해배상을 요구하였다. B씨의 배포와 용기 하나는 배울 만하다. 그러나 삼성전자는 특허1, 2에 기하여 B씨의 특허3, 4의 무효를 주장하였고, 처음에 특허심판원은 이들이 서로 다른 기술이라는 이유로 특허 3, 4를 유효로 판단하였으나, 오랜 시간에 걸친 법정공방 끝에 대법원은 특허3, 4가 특허1, 2와 실질적으로 동일하므로 무효라고 보고 특허심판원의 심결을 취소하는 판결을 하였다(2008. 3. 13. 판결, 2006후1469, 2006후2196 등록무효(특)). 이에 따라서 특허심판원은 대법원판결에 따라서 무효확정심결의 절차만을 남겨두게 되었다.

결국 B씨는 삼성전자와의 특허소송에서 완패하고 말았다. 하지만 B씨의 특허가 특허심판원에서 무효로 확정되는 절차만 남겨둔 상태에서 삼성전자와 B씨가 소 취하에 합의함으로써 B씨의 특허는 파리 목숨처럼 명맥이 유지되는 형태가 되었다. 무효가 되어야 하는데, 서로의 이해관계에 따라서 소 취하가 되어서 무효가 확정되지 않는 것이다. 이러한 형태는 특허계에서 종종 있는 일이다.

이렇게 숨만 쉬고 있는 B씨의 천지인 특허에 대해서 2010년 C씨가 다시 B씨의 천지인특허에 무효심판을 청구하였고 이에 따라서 특허심판원은 천지인특허를 무효로 심결하였다. B씨는 이번에도 자신의 특허가 무효로 특허원부에 올라가기 전에 특허연차료(특허를 유지하기 위해서는 매년 납부해야 한다)를 납부하지 않음으로써 특허를 소멸(2013년)시켰다. 결국 B씨는 이 특허소송으로 인해 전국적으로 유명해지기는 하였지만 자신의 인생 중 10년을 허비하였다고 볼 수도 있다. 결국 삼성전자와 B씨 사이의 합의 내용에 따라서 골리앗과 다윗의 승부가 갈리는 것이지만 후반상황이 절대적으로 다윗에게 불리한 상황이었던 점을 감안하면 다윗은 골리앗에게 패배한 것이라고 볼 수 있다.

대법원의 판결과 달리 나는 사견으로 특허 3, 4는 특허 1, 2와 다르다고 본다. B씨가 이겼어야 한다고 생각하는 것이다. 지나간 일에 대해서 '만약'이라는 상황을 고려하는 것은 부질없는 일일 수 있으나, 나는 대법원에서 대기업이 아닌 B씨에 유리한 판결을 냈어야 한다고 생각한다. 그럼 우리나라는 분명 달라질 수 있었다.

대기업 삼성은 작지 않은 돈을 잃을 수 있었겠지만 그로 인해서 기업 안에 죽어 있는 아이디어맨들의 심장을 뛰게 했을 것이고 거대한 삼성의 생산성을 크게 높이는 계기가 되었을 것이기 때문이다.

결과만을 놓고 본다면, 아이디어맨인 개인들이 직접 특허소송을 하기에는 여전히 위험부담이 크다. 결국 어쩌란 말인가? 답은 하나다. 아이디어맨들은 소송전문가가 아니므로 직접 소송을 하기보다, 특허괴물NPE에 특허를 팔아버리라고 말하고 싶다. 발명가는 아이디어맨이고 혁신가이지, 소송전문가가 아니다. 소송에서 이긴다는 보장이 없고, 오히려 법률의 비전문가인 아이디어맨들은 패배할 가능성이 높다.

무엇보다 소송에 휘말리게 되면 이기고 지고를 떠나서 더 이상 아이디어맨으로 살 수가 없다. 소송에 온통 머리를 쓰다 보면 정작 중요한 다음 혁신을 만들어 갈 수 없기 때문이다. NPE는 아이디어맨들에게는 중요한 존재이다. 국내 NPE들이 기술을 알아보는 눈이 부족하다면 외국의 NPE라도 좋다. 아이디어맨들이 자신의 특허를 들고 직접 특허소송에 뛰어들어 법정싸움을 하다가 결국 스스로 괴물과 같이 변한 자신을 발견하게 될지도 모른다.

아이디어맨은 어렵지 않게 새로운 아이디어가 머리에서 솟아난다. 아이디어맨들은 새로운 아이디어를 만들어낼 때 행복을 느낀다. 물론 이런 아이디어맨이 직접 벤처기업을 만들어서 회사를 경영한다면 굳이 NPE에 특허를 팔 이유가 없다. 직접 제조하거나 서비스를 시작함으로써 얻는 유익이 더 크기 때문이다.

예나 지금이나 특허소송은 복잡하고 예측이 어렵다. 심지어 라이트 형제도 특허소송을 하다가 고생만 하고 많은 시간과 열정을 낭비했다. 요즘 왜 미국에서 NPE들이 활개를 치고 있는가? 아이디어맨들과 NPE의 이해관계가 잘 들어맞기 때문이다. 즉, 악어와 악어새의 공생관계이다. NPE는 아이디어맨들의 특허를 사서 그것을 가지고 더 많은 이익을 남긴다. 그러므로 당신이 아이디어맨으로서 직접 생산을 하는 제조업체가 아니라면 특허를 NPE에게 좋은 가격에 팔아서 걱정을 덜어내라고 말하고 싶다.

국내에도 정부와 민간이 공동으로 세운 '인터렉추얼 디스커버리'라는 NPE가 존재한다. 외국의 NPE도 어렵지 않게 접촉하여 협상할 수 있다. 다른 계약과 마찬가지로 사고파는 과정에서 밀고 당기는 협상력은 매우 중요하다. 아이디어맨들은 자신의 아이디어를 특별하게 생각하는 경우가 많다. 만약 NPE에서 전혀 관심을 가지지 않는 특허라면 스스로 자신의 아이디어를 과대평가하고 있을 수 있다. NPE들은 철저하게 특허의 가치를 분석하는 데 있어서 전문가들이다. 그러므로 그들이 그 가치를 인정하지 않는 것이라면 자기 고집 때문에 특허만 붙들고 있지 말기를 권한다. NPE의 시각에서 좀 더 객관적으로 자신의 특허를 바라볼 필요가 있다.

직무발명에 대한
의문사항들

　그럼 직무발명에 대한 특허권의 소유관계는 어떻게 정의되는가? 특허제도에 의하면 특허 받을 수 있는 권리는 근원적으로 회사가 아닌 발명자 개인이 소유하는 것이다. 하지만 회사가 발명자로부터 특허 받을 수 있는 권리를 적법하게 승계 받았다면 회사의 명의로 특허를 출원할 수 있다. 따라서 회사는 고용계약 등의 적법한 규정에 따라서 발명자로부터 특허 받을 수 있는 권리를 자동 승계 받아 특허출원하고, 그 대가로 발명자에게 직무발명보상금을 지급하게 된다.

　이와 같이 직무발명은 고용계약 등에 의해서 회사로 자동승계됨에도 불구하고, 종업원이 자신의 직무발명을 회사에 신고하지 않고 자신의 이름으로 출원하거나 타인에게 발명을 넘기는 경우가 종종 있다. 회사 측이 자신에게 충분한 보상금을 주지 않을 것이라고 생각하기 때문이다.

과거 특허상담심사관으로 일하면서 직무발명의 승계 문제로 고민하던 사용자들로부터 많은 질문을 받았다. 연구원들이 회사에서 개발한 기술을 몰래 특허출원한다는 것이다. 만약 종업원이 회사의 업무범위에 속하는 직무발명을 하였지만 이를 신고하지 아니하고, 무단으로 자신의 명의 또는 외부의 제3자 명의로 특허출원하거나 회사를 퇴직한 상태에서 출원한 경우에는 어떤 일이 벌어질까?

일반적으로 사용자(회사)는 종업원을 고용할 때 직무발명과 관련하여 사전승계계약을 체결한다. 물론 사용자와 종업원 사이에 직무발명 사전승계계약이 없는 경우에는 종업원은 스스로 직무상 얻은 발명을 특허출원하여 자신의 것으로 할 수 있지만 대부분의 기업들은 직원을 채용할 때 직무발명 사전승계계약을 체결한다. 이에 따라 종업원은 직무발명을 한 경우 사용자에게 신고를 하여야 하고, 사용자는 이 직무발명에 대해서 가치를 인정하고 직무발명으로 승계하고자 하는 의사를 표시한 때에는 이에 대한 합당한 보상을 하여야 한다. 만약 사용자가 그 발명의 가치를 높이 평가하지 않아서 승계를 거부하면 종업원은 적법하게 자신의 명의로 특허출원할 수 있지만, 종업원이 직무발명에 대한 신고 없이 자신의 명의로 특허출원한 경우 그 특허출원은 위법한 것이 된다.

그럼 종업원이 직무발명에 대하여 신고의 의무를 위반하고 무단으로 자신의 명의로 출원한 경우에 어떠한 책임이 뒤따르게 될까? 이에 대해서 특허법은 구체적으로 적시하고 있지 않지만 통상 민사상 손해배상 책임도 피할 수 없고, 특히 형사상으로는 배임죄가 성립되는 것으로 간주된다. 결국, 직무발명을 신고하지 않고 사적으로 출원했다가는 낭패를 보기 쉽다.

또한 기업의 종업원이나 대학의 교수 등은 대부분 자신의 직무범위에서 발명을 하는 것이 보통이나, 자신의 직무범위가 아닌 발명은 직무발명에 해당하지 않는다. 경우에 따라서는 직무범위인지 아닌지가 아리송할 때가 많다. B씨의 천지인특허보다 먼저 유사한 특허를 개발했던 연구원 A씨도 이와 관련하여 자신의 회사인 삼성전자를 상대로 부당이득반환소송을 제기하였다. 자신의 발명은 직무발명이 아니라 자유발명이기 때문에 삼성전자가 부당이득을 취한 것이라는 주장을 한 것이다. 하지만 법원은 이 발명이 자유발명이 아니라 직무발명이라고 판단하여 A씨의 청구를 받아들이지 않았다(2002년).

이처럼 직무발명을 두고 자신이 속한 회사와 소송을 벌이는 경우가 종종 있으나, 이는 쉽지 않은 결정이다. 왜냐하면 직무발명 소송을 하려면, 적어도 그 회사를 그만둔 상태에서나 가능하기 때문이다. 더구나 직무발명 관련 소송에서 이기더라도 아직까지는 그로 인해서 받게 되는 보상금은 액수가 큰 편이 아니다.

실제 기업이 연구원에게 직무발명보상금을 지급해야 했던 사건을 예로 들어보겠다. 국내 최초의 직무발명보상금 지급 판결은

2003년 동아제약의 무좀약 '이크라크나졸' 발명 관련 사건이다. 당시 회사는 이 무좀약으로 200억 원의 이익을 벌었지만 연구원에게는 1인당 200만 원만 보상했다. 법원은 연구원들의 손을 들어주면서 회사 측이 1억 7,000만 원을 지급하라고 판결했다.

이 사례는 우리나라에서 최초로 직무발명보상금에 대해서 판결한 사례이지만, 의약품이라는 특수성 때문에 직무발명 보상금으로서 상당히 큰 액수를 받은 사례이기도 하다. 보통 직무발명 보상금 지급판결에서 액수가 그리 크지 않은 이유는 전체 제품에 있어서 연구원의 직무발명이 실질적으로 기여한 비율만을 따져서 직무발명보상금을 계산하기 때문인데, 의약품은 그나마 그 비율이 상당이 높게 인정을 받을 수 있는 분야이다. 다른 전자제품이나 기계장치의 경우 직무발명이 제품의 전체 구성 중에서 극히 일부만을 차지하는 경우가 많으므로 현실적으로 직무발명보상금으로 많은 액수를 기대하기 어렵게 된다.

직무발명을 특허출원하였으나 거절결정 되거나 또는 등록 후에 무효화된 경우에도 직무발명보상금을 지급해야 하는지에 대해서도 의문이 생긴다. 최근 대법원은 진보성 결여를 이유로 특허등록이 거절된 직무발명이라면 회사에서 그 발명을 실시하고 있다고 하더라도 직무발명보상금을 지급할 의무가 없다고 판결하였다.

대법원은 직무발명보상금은 사용자가 직무발명에 대해 당연히 갖는 무상의 통상실시권을 넘어서 직무발명을 독점배타적으로 실시할 수 있는 지위를 취득함으로써 얻는 이익을 근거로 한 것인데,

무효사유가 있는 직무발명이라면 회사에서 독점배타적으로 실시할 수 있는 지위를 취득할 수 없으므로 직무발명보상금을 지급할 의무도 없다고 판시하였다(2011다43051 판결). 직무발명이 아무리 좋은 아이디어를 제공한 것이더라도 독점적 지위를 갖는 것이 아니라면 다른 경쟁기업들이 언제든지 시장에 뛰어들 수 있는 기술이므로 그 직무발명의 기여도를 인정할 수 없다는 의미이다.

이렇듯이 아직까지는 현실적으로 회사의 연구원을 포함한 종업원이 직무발명으로 대박을 터트리기는 쉽지 않아 보인다. 그렇다고 해서 직무발명의 가치를 과소평가할 수 없다. 왜냐하면 기업의 미래, 대한민국의 미래가 직무발명에 달려있기 때문이다. 특허제도가 개인들 안에 숨어 있는 혁신의 동기를 불러일으키고 새로운 아이디어를 공개하도록 유인하는 국가지원 시스템이라면, 직무발명제도는 기업이 종업원들 안에 잠자고 있는 혁신의 동기를 불러일으키고 창의적인 기술 개발을 유도하는 회사지원 시스템으로, 역시 동일한 맥락이라고 할 수 있다. 연구원들의 연구의욕은 그에 대한 합당한 보상에 의해서 활활 타오르게 된다. 기업이 종업원들의 직무발명에 대해서 좀 더 적극적으로 보상할 때 이들은 좀 더 창의적인 연구에 몰두하게 될 것이기 때문이다.

경쟁사의
원천특허 극복하기

우리가 잘 알고 있듯이 우리나라 기업들이 진정한 의미의 연구개발을 시작한 것은 최근의 일이라고 생각한다. 그 전에는 기업의 이미지를 높이기 위한 하나의 실적 발표용 연구결과들이었다. 그러나 이제 연구개발은 이미지용이 아닌 생존의 문제라는 인식이 확산되고 있다. 그럼에도 불구하고 기술 중심, 연구 중심으로 발전해 온 외국 선진기업들을 따라잡기는 쉽지 않은 일이다. 특히나 외국 기업이 관련분야에서 원천특허를 가지고 있다면 더더욱 따라잡기 어렵다. 그럼 우리가 어떻게 기술선진국을 따라잡고 기술 강국으로 발전할 수 있을까?

우리는 증기기관의 원조가 아니었던 제임스 와트가 마치 증기기관의 원조처럼 되었고, 스마트폰의 원조가 아닌 애플이 스마트폰의 원조 격이 되어 버린 것을 알고 있다. 이를 볼 때 후발주자이더라도 혁신을 이루기만 하면 원천기술을 가지고 있는 세계 제1의 기업도 따라잡는 것은 가능하다고 할 수 있다. 원조가 아니지만 제임스 와트와 스티브 잡스는 공통적으로 세상이 떠받드는 혁신의 상징처럼 되어버렸지 않았는가? 어떻게 그게 가능했다고 생각하는가?

알고 보면 원천기술을 공략하는 방법이 있다. 제임스 와트와 스티브 잡스에게 그 기술을 배워야 한다. 제임스 와트는 뉴커먼의 증기기관이 원천기술이라고 생각했을 것이다. 하지만 그가 자신만의 탁월한 관찰력으로 뉴커먼의 증기기관이 가지는 문제점을 파악하는 순간 원천기술을 따라잡을 수 있었을 뿐만 아니라, 새로운 원천기술을 탄생시킬 수 있었던 것이다. 그는 뉴커먼의 증기기관이 가지는 특유한 특성 때문에 에너지 효율이 낮을 수밖에 없다는 것을 발견했다. 그 발견이 그를 위대하게 한 것이다. 그 발견이 없었다면 제임스 와트의 증기기관도 탄생할 수 없었을 테니까.

이처럼 스티브 잡스도 이전의 스마트폰이 가지는 조잡스러움과 불편함에 대해서 인식하는 순간 그의 특유한 창의력이 발휘된 것이라고 할 수 있다. 따라서 경쟁자가 원천기술을 가지고 있다는 것은 장애물이 아니라, 오히려 기회가 될 수 있는 것이다. 원천기술을 가지고 있는 특허권자나 그렇지 않은 제3자나 마찬가지로 동일한 입장에서 기술을 바라보게 된다. 특허권자가 특별히 유리한 입장이라고 볼 수 없다.

스티브 잡스는 애플이 개발하여 획득한 멀티터치 특허로 모든 스마트폰의 원천기술을 포위할 수도 있었고, 혁신의 아이콘으로 인정받게 되었다. 이처럼 기존의 원천기술을 포위하기 위해서는 많은 특허들이 필요할 수도 있고, 경우에 따라서는 한 개의 특허만으로도 가능하기는 하다. 하지만 한 개의 특허는 언제든지 무효가 될 수도 있는 점을 감안하면 많은 특허로 원천기술을 포위하는 전략을 구사하는 것이 바람직하다.

무조건 독자적인 새로운 영역의 기술을 개발하는 것만이 중요한 것이 아니다. 오히려 선진기업의 기술을 포위하는 전략을 통해서 나의 기술로 만드는 뒤집기 전략이 더 필요한 시점이다. 구체적으로 오늘부터 당장 선진기업들이 가지고 있는 핵심기술들에 접근해보자. 앞에서 설명했듯이 경쟁사의 특허공보를 들여다보자. 먼저 적을 알아야 하기 때문이다. 그들이 개발하고 있는 기술들을 보면, 강점을 볼 수 있는 동시에 약점이 보일 것이다.

예를 들어 하이브리드 자동차를 연구하는 연구원이라면 도요타의 특허공보를 통해서 그들의 하이브리드 기술을 집중적으로 파고 들어야 한다. 그러면 그 기술의 약점이 보인다. 도요타도 해결하지 못해서 고민하고 있는 문제가 반드시 있다. 이 때 우리 연구원들이 그 문제점을 해결하는 기술을 개발하고 특허를 받아야 한다는 것이다. 그러면 도요타 하이브리드 기술에 우리의 집을 짓는 격이 되는 것이다. 그렇게만 된다면 역으로 특허권을 행사할 수 있게 된다.

앞에서 설명한 것을 다시 정리하면, 경쟁기업, 또는 명품을 생산하는 기업의 원천특허기술을 따돌리기 위해서는 두 가지 방법이 있다. 첫째, 탁월한 통찰력으로 원천기술의 문제점을 인식하고 이를 개선하는 새로운 해결수단을 찾아내어 이를 특허화하는 것이고, 둘째는 선진기업이 개발한 원천기술이라도 이를 둘러싼 기술들을 조기에 선제적으로 개발하여 나가고 또한 특허화함으로써 주변 여건을 유리하게 만들어 나가는 것이다.

창의적인 생각을 위해
환경을 마련하라

R&D와 창조적 아이디어가 새로운 기업 환경에 있어서 핵심 키워드로 등장하고 있다. 종래에는 선진기술을 따라가기만 하면 되었지만, 이제는 문 샷 씽킹Moon shot thinking과 R&D를 통해서 퍼스트 무버first mover로 치고 나가는 전략을 추진하지 않으면 안 되게 되었다. 이러한 시점에서 창의적인 사고가 긴급하게 요구되고 있다. 그러나 창의적인 사고에 익숙하지 않았던 우리들로서는 중대한 도전이라고 할 수 있다. 바로 우리의 가정, 학교, 직장문화가 창의적인 생각을 제안하는 것에 익숙하지 않은 탓이다. 권위를 더 우선시하는 분위기 탓에 아랫사람의 생각은 무시되기 일쑤이다. 한 가지를 깊이 파는 사람보다 넓고 얕은 지식을 가진 사람이 더 교양 있다고 생각하기 때문이다.

그러나 이제 변화가 필요한 시점이다. 얕은 지식을 자랑하는 것을 벗어나서 한 가지라도 전문가가 되어야 한다. 또한 타인의 생각, 특히 아랫사람의 생각을 받아들이는 것에 대해서 익숙해져야 한다. 타인의 생각을 비난하는 행위를 경계해야 한다. 설령 타인의 생각이 합리적이지 않더라도 그 자체로 존중할 필요가 있다. 혁신적인 생각일수록 납득이 안 가는 경우가 많다. 서로 다른 생각을 가지고 있더라도 어떤 생각이 더 좋은지에 대해서 의견을 나누어야 한다. 시간이 걸리더라도 서로의 의견을 수렴하면서 가장 최선의 것에 도달하려고 애쓰는 배려가 필요하다.

지금까지 우리나라 기업들은 선진 기업의 기술을 따라가는 패스트 팔로워의 입장이었다. 그러므로 빨리 따라가기 위해서는 서로 의견을 조율하기보다는 상사의 의견에 일사불란하게 움직이는 것이 더 합리적이었다. 그러나 이제 퍼스트 무버가 되기 위해서 달라져야 한다. 어디로 가야할 지 모르는 상황에서는 그 방향도 스스로 결정해야 한다. 일류 기업들도 이것이 딜레마이다. 이제 스스로 기술의 발전방향을 결정해야 하기 때문이다. 이것을 하지 못한다면 결코 세계시장에서 일류기업으로서 인정받지 못할 뿐만 아니라, 지속적인 성장을 기대할 수 없게 된 것이다. 선두기업으로서 주도적으로 기술적 고민거리를 발견하고 먼저 해결함으로써 주도권을 굳혀야 한다. 만약 이러한 기술에 대해서 특허를 획득해 놓는다면 선두기업의 입지를 견고하게 할 수 있게 된다.

따라가기는 쉬워도 새롭게 길을 창조해서 열어나가는 것은 말처럼 쉽지 않다. 지금 우리 연구원들이 얼마나 할 일이 많은가? 사람의 두뇌는 일정한 처리 용량이 있다. 그 이상 일을 하게 되면 집중력이 떨어진다. 자질구레한 일들을 처리하든지 큰 방향을 잡는 일을 하든지 일정한 시간에 일정한 양의 일을 처리할 수 있을 뿐이다. 지금 우리 기업들의 현실을 돌아보자. 각 기업마다 브레인들이 있을 텐데 이들이 하고 있는 일이 무엇인가? 고급 브레인들을 데려다 놓고 너무 많은 잡다한 일들을 시키고 있지는 않은가?

잡무는 고급 브레인들 말고도 다른 이들이 처리할 수도 있다. 고급 브레인들을 데려왔다면 이들에게는 회사의 진로를 책임질 수 있는 일들을 맡겨야 한다. 이들로 미래의 먹을거리를 창출하는 일에 집중하도록 해야 한다. 비록 당장 아무것도 손에 잡히는 것을 도출해내지 못한다고 하더라도 너무 조급하게 닦달해서는 안 된다. 창의적인 생각을 해야 하는 이들에게는 창의적인 생각을 더 많이 하도록 환경을 만들어 주자. 그렇지 않다면 언제 신제품이나 신기술을 개발하는 데 시간을 쏟을 수 있겠는가?

대한민국의 학교 선생님들은 높은 임용고시 경쟁률을 뚫고 선생님들이 되었다. 대한민국 선생님들은 자타 최고의 인재들임에 틀림이 없다. 그런데 학부모들은 왜 학원의 선생님들을 더 신뢰하는가? 왜 방과 후에 학원에 보내지 않으면 불안해하는가? 학원 선생님들은 좀 더 중요한 일에 집중할 수 있기 때문이다. 학교선생님들은 아이들을 가르치는 일뿐만 아니라 책상에 엎드려 자는 학생들을 해결해야 하고, 각종 학교 행사들도 책임져야 한다. 이러한 문제는 학원에서 관심사항이 아니지만 학교에서는 이러한 문제도 다루어야 할 중요한 문제이다. 기업에서도 마찬가지이다. 기업에서 고급 브레인들을 채용했다면 이들에게 가장 중요한 일에 전념할 수 있도록 해야 한다. 그럼 그들은 반드시 성과를 만들어낼 것이다.

강한 특허의
획득 및 활용전술

　무조건 많은 특허를 보유하는 것이 능사는 아닐 것이다. 그럼 특허는 어떠한 전략을 가지고 활용하여야 하는가? 강한 특허를 어떻게 획득하고 만들어야 발명가 및 회사에 유익하도록 할 수 있는가?

1) 나의 집을 만들어가는 기술

　바둑은 다양한 공격방법과 방어방법을 이용하여 집을 짓는 게임인데, 게임방법을 단순화하면 상대방이 집을 짓는 것을 방해하면서 자신만의 집을 짓는 것이다. 어떻게 한 돌, 한 돌을 내려놓느냐에 따라서 상대방의 집이 될 수도 있고, 내 집이 될 수도 있다. 바둑과 특허는 일종의 '땅따먹기' 게임이라는 점에서 공통점이 있다.

특허는 기술이라고 하는 미개척 세계를 연구하여 기술의 영역에 자신의 깃발을 꽂고 집을 만들어 간다. 다만 바둑은 서로 한 번씩의 기회가 있지만, 특허에서는 누구나에게 동등하게 기회가 주어질 뿐 교대로 기회가 주어지는 것이 아니다. 어느 일방이 여러 번 돌을 둘 수 있다. 그러므로 노력하기에 따라서 얼마든지 기술지도에 자신의 깃발들을 꽂을 수 있게 된다.

앞에서 다루었던 뉴커먼의 증기기관은 60여 년간 변치 않던 기술의 진리였다. 하지만 제임스 와트는 뉴커먼의 증기기관 기술 위에 새로운 기술을 접목시켜서 새로운 기술영역을 창조해냈다. 타인이 만들어 놓은 집 위에 자신의 집을 지은 것이다. 당시의 지식으로는 제임스 와트의 증기기관기술을 이용하지 않을 방법이 없었다. 너무나 효율이 좋았기 때문이다. 새로운 기술이 종래기술에 접목되는 순간 주도세력의 뒤집기 현상이 발생한다. 마찬가지로 스티브 잡스도 노키아와 삼성, 블랙베리에 의해서 주도되던 스마트폰 시장에 새로운 영역을 창조해냈다.

여러분은 지금 현재 사업 분야에서 선발주자인가 아니면 오래된 후발주자인가? 혹시 후발주자라고 해서 낙담하고 있지는 않은가? 선발주자의 놀라운 기술 개발력에 한숨을 쉬며 따라가기 벅차다고 생각하고 있지는 않은가? 우리도 강한 특허로 상대방의 집 위에 더 큰 집을 지어 판을 뒤집어보자.

2) 그물망 전술을 이용하자

전방 초병들은 밤에 은밀하게 숨어서 진격해오는 몇몇의 적으로부터 아군 진지를 방어하기 위하여 두 가지 방법 중 어느 하나를 사용하게 된다. 하나는 소총으로 각각의 적병들을 사살하는 것이고, 다른 하나는 대인지뢰인 클레이모어(수많은 파편들이 넓은 지역에 동시에 날아가는 무기)를 발사하여 한 번에 적병들을 제거할 수도 있다.

단발소총으로 적을 소탕하는 것은 매우 경제적인 방법이지만 움직이는 적을 정확하게 포착해서 적중시키는 것이 쉽지 않다. 그러므로 때로는 기관총과 같이 다수의 탄환이 동시에 날아가면서 한 번에 적을 공격할 필요가 있다. 물론 기관총이라고 하더라도 적이 출현한 곳을 겨냥해야지 엉뚱한 곳을 향하면 이마저도 무용지물이다.

마찬가지로 한 개의 특허에 의존해서 사업을 운영하는 것은 매우 경제적일 수 있지만, 매우 위험한 전략일 수 있다. 특허 하나로 적의 심장을 명중시킬 가능성은 높지 않기 때문이다. 물론 특허명세서를 설계하기 따라서 특허의 권리범위를 좀 더 넓게 만들어낼 수 있다. 그러나 언제나 적은 예상하지 못한 방식으로 침투하게 된다. 그러므로 경쟁사가 고안해 낼 회피설계까지도 고려하여 강한 특허를 설계하는 것이 필요하다.

결론적으로 하나의 핵심특허를 중심으로 다수의 특허들이 촘촘하게 그물을 이루도록 장벽을 치는 것이 강한 특허를 만드는 지혜로운 전략이다. 촘촘하면서도 적당한 거리를 두고 그물을 치듯이 특허로서 장벽을 형성할 때 경쟁자들은 특허 회피를 일찌감치 포기하고 로열티 협상에 임하게 될 것이다.

3) 상대방의 특허를 인정하라

통상 기업들은 특허라는 독점적 지위를 이용해서 경쟁기업보다 유리한 고지에서 싸움을 할 수 있게 된다. 반대로 경쟁기업은 특허권을 보유한 기업보다 불리한 위치에 있게 된다. 그러므로 어떻게 해서든지 잘나가는 경쟁자에게서 특허라는 무기를 빼앗아서 같은 열악한 환경에서 경쟁해야 속이 시원하고 생각한다. 그러다 보니 특허에 대한 무효심판소송이 그치질 않는 측면도 있다. 무효화되어야 할 특허라면 당연히 무효화되어야 하겠지만, 무효인지 아닌지 여부가 알쏭달쏭한 경우가 문제다. 그러나 열 번 찍어 안 넘어가는 나무 없다는 말이 있듯이, 열 번의 특허소송을 견딜 수 있는 특허는 그리 많지 않다.

사실 우리는 외국의 기술에 대해서는 쉽게 로열티를 지불하는 경향이 있지만 국내 기업에 로열티를 지불하는 것을 달가워하지 않는다. 차라리 무효심판소송을 통해서 문제를 해결하려고 하는 경향이 있다. 그러나 내가 먼저 경쟁기업의 특허를 인정하게 되면 경쟁기업도 나의 특허를 인정하게 된다. 그러니 아무리 경쟁기업이라고 하더라도 상대의 특허를 인정해 주고 특허기술을 사용하고 싶으면 합당한 사용료를 지불하자. 대기업이든 중소기업이든 타인의 기술을 인정해 주고 정당한 대가를 지불하고 사용하는 문화가 정착될 때 서로에게 윈윈이 되지 않겠는가?

4) 기술, 자체 개발만이 능사가 아니다

만약 자사에서 오랫동안 개발하고자 하였지만 실패하였던 기술을 미국의 어느 개인발명가가 개발하여 특허를 받았다고 하자. 그걸 모르고 연구실에서 오늘도 날밤을 새며 연구한다고 박수를 받는 것이 아니다. 만약 정보를 알고 있다면 그 발명가에게 연락해서 어떻게 하면 저렴한 가격에 특허를 양도 받을 수 있을지 고민하는 편이 낫지 않은가? 스티브 잡스는 애플에서 개발한 기술보다는 타사에서 개발한 기술을 잘 찾아내서 유용하게 접목하지 않았는가?

이처럼 여러분 회사에 필요한 기술을 직접 개발하는 것에만 집착하지 말고 손해 보지 않는 가격에 사오는 것도 좋은 전략이다. 결국 특허시스템이 굴러가는 이치를 파악하고, 특허시스템을 통해서 획득한 특허를 제대로 활용할 수 있다면 적게 일하면서도 많이 거둘 수 있게 된다. 한마디로 효율적으로 일하는 법을 터득하게 되는 것이다.

오늘은 나의 사무실이 위치한 건물의 15층 스카이라운지인 '대전 세븐 팩토리 모멘트' 카페에서 청년들을 위한 행사가 있었다. 이름하여, 대전경제통상진흥원의 '맞춤형 청년창업 생태계 조성사업 수료식'이었다. 지난 1년 동안 창업을 성공적으로 안착하며 패기와 열정을 보여준 청년들을 만나보고 싶어서 발걸음을 카페로 향하였다. 수료식을 이러한 카페에서 진행한다는 것도 참신하였지만, 패기와 도전이 넘치는 청년들을 보는 것만으로도 가슴 벅찬 일이기 때문이다.

나는 고등학교 다닐 때, SF 미드를 보면서 상상력을 키우고 창업을 꿈꿨다. 인공지능 자동차 '키트'가 나오는 전격Z작전, 제트엔진이 달린 헬리콥터 에어울프 등 상상만 해도 즐거운 일이었다. 나는 상상하는 일을 좋아한다. 그래서 나는 기계공학과를 선택했다. 그리고 창업을 꿈꿨다. 지금식으로 말하면 제임스 다이슨과 같은 엔지니어 CEO가 되고 싶었던 것이다.

그러나 당시에는 기업체에 취직하지 않고서 창업을 하는 것에 대해서는 생각조차도 하기 어려웠다. 그만한 여건들이 갖추어지지 않았기 때문일 것이지만, 무엇보다 좀 현실성이 없는 꿈이었기 때문일 것이다. 최근 창업이 대세이다. IMF 이후에는 IT창업이 붐을 이루었고, 최근에는 다양한 분야로 창업이 이루어지고 있다. 내가 다시 젊은 시절로 돌아갈 수 있다면 정말 창업을 하고 싶다.

왜 지금 할 수 없냐고 물으면 할 말이 궁색하기는 하다. 내가 이미 지식재산분야에서 소위 전문가라는 명함을 달았고, 이 분야가 내가 가장 잘할 수 있는 것이 되어 버렸다고 하소연 아닌 하소연을 할 것이다. 이제 다음 세대 청년들이 창조적인 생각으로 창업을 하고 내가 못 이룬 꿈을 이루어주기를 바란다. 아이디어맨들로 높이 솟아오르고 평가받을 것을 기대한다.

한국의 제임스 다이슨이 나오는데, 내가 도와줄 수 있는 것이 없을까 생각하다가 이 책을 쓰게 되었다. 그러나 여러 가지로 부족한 점이 많은 책이다. 이 책이 창업을 꿈꾸고 강소 기업을 꿈꾸는 아이디어맨들에게 미력이나마 보탬이 되었으면 하는 바람이다. 아마 이 책이 아이디어맨들이 고민하는 모든 특허문제를 해결해주지는 못한다고 하더라도 다만 한 가지 문제라도 해결해주고 방향을 제시할 수 있다면 필자는 이에 크게 만족할 수 있을 것이다.

이 책이 나오기까지 물심양면으로 도와주신 유길문 전주리더스 클럽 회장님, 권선복 행복에너지 출판사 대표님, 저의 책 쓰기를 지도해주신 이은정 선생님, 오경미 선생님께 진심으로 감사드린다. 또한 옆에서 네 자녀를 키우면서도 온유와 섬김으로 저를 도와준 아내, 그리고 양가 부모님들께도 감사드린다.

마지막으로 모든 이에게 필요한 지혜와 총명을 주시는 하나님께 영광을 돌려드린다.

"하나님의 영을 그에게 충만하게 하여 지혜와 총명과 지식과 여러가지 재주로 정교한 일을 연구하여 금과 은과 놋으로 만들게 하며 보석을 깎아 물리며 여러 가지 기술로 나무를 새겨 만들게 하라." (출애굽기 31장 3~5절)

2016. 9. 30. 저녁

대전 '세븐 팩토리 모멘트' 카페 아래 나의 특허사무실에서

Strong patents make you strong

대한민국을 일류국가로 이끌어 줄 '강한 특허'를 통해 행복한 에너지가 팡팡팡 샘솟으시기를 기원드립니다!

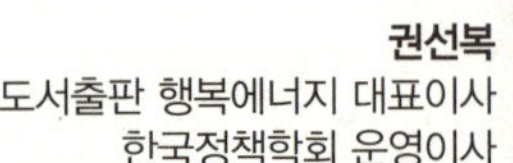

권선복
도서출판 행복에너지 대표이사
한국정책학회 운영이사

21세기 문화 콘텐츠를 대표하는 아이콘 중에 '아이언맨'이 있습니다. 아이언맨이 주인공으로 나오는 영화가 개봉될 때마다 미국은 물론 우리나라와 전 세계 극장가가 들썩입니다. 만화나 공상과학 영화 주인공으로만 생각했던 그 '아이언맨'의 실제 모델이 있습니다. 바로 미래를 선도하는 기업 '테슬라의 회장 – 엘론 머스크'입니다. 혁신의 아이콘으로 불리는 엘론 머스크는 '특허 전략'을 통해 기업을 성장시키고 하나씩 꿈을 이뤄나가고 있습니다. 비단 테슬라만이 아닙니다. 우리에게 스마트폰 특허 전쟁으로 익숙한 삼성과 애플은 물론 유수의 일류 기업들이 특허 전쟁에 뛰어든

상황입니다. 이제는 기업 차원에서, 연구진부터 시작되는 '강한 특허'가 반드시 필요합니다.

책 『아이디어맨이여! 강한 특허로 판을 뒤집어라』는 전문용어를 가능한 한 배제하고 쉬운 용어를 사용하여, 복잡한 특허문제들을 간단하게 풀어 기술하고 있습니다. 비전문가들이 좀 더 편안하게 특허에 대해서 이해할 수 있도록 배려했으며, 경영자 또는 특허 담당자들도 쉽게 특허를 이해하는 데 도움을 주고 있습니다. 저자 정경훈 변리사는 공업진흥청, 중소기업청에서 공직은 시작한 이후 1996년 특허청으로 자리를 옮겨 2016년 퇴사할 때까지 공정한 특허와 대한민국 특허 발전을 위해 헌신해 왔습니다. 현재는 '정경훈 국제특허법률 사무소'의 대표변리사로서 1인 창업자 및 아이디어맨들을 위한 왕성한 강의 및 상담활동을 펼치고 있습니다. 자신의 평생 연구와 성공 노하우를 한 권의 책에 담아주신 저자에게 큰 응원의 박수를 보냅니다.

한 개의 독특한 아이디어가 특허가 되어 세계시장에서 이끌어내는 파급력은 상상할 수도 없을 만큼 거대합니다. 그 총성 없는 전쟁터에 뛰어들기 위해서는 우리 기업들도 강한 특허로 중무장해야 합니다. 이 책이 우리 아이디어맨들의 성공을 이끌고 기업들이 세계시장에서 승승장구하는 데 큰 보탬이 되기를 바라오며, 모든 독자분들의 삶에 행복과 성공의 에너지가 팡팡파 샘솟으시기를 기원드립니다.

안전한 일터가 행복한 세상을 만든다

허남석 지음 | 값 15,000원

책 『안전한 일터가 행복한 세상을 만든다』는 '안전리더십(Felt Leadership)'을 통해 일터에서 벌어지는 안전사고를 예방하고, 나아가 '긍정, 감사'를 통해 기업을 지속적으로 성장시키는 방안을 상세히 소개한다. 평생 산업현장 일선에서 발로 뛰어 온 저자는 안전리더십 분야의 최고 전문가로서, 이 책에 자신의 모든 현장경험과 리더십 노하우 그리고 연구 성과를 담아내었다.

다시 기대하는 이들에게

김한수 지음 | 값 15,000원

『다시 기대하는 이들에게』는 지금, 이 순간 우리에게 가장 필요한 변화를 위해 '기대'의 강력한 힘을 우리들에게 제시한다. 저자는 다양한 경험을 통해 현재 어떠한 상황에 처해 있든지 개인이 이끌어낼 수 있는 최고의 결과는 '기대'에서 나온다고 힘주어 이야기한다.

되어가는 이들에게

김한수 지음 | 값 15,000원

저자의 숱한 경험과 지식, 역사 속 인물, 현대의 위인과 어록, 영화와 음악과 관련된 에피소드 등을 바탕으로 26가지 주제를 정해 그 속에 되어가는 존재들에게 필요한 본보기를 제시하였다. 이를 통해 각자가 지닌 목표를 어떻게 달성해 나갈 것이며, 삶을 아름답고 풍요롭게 살기 위해 무엇을 중요시해야 하는가에 대한 공감과 해답을 찾기 위한 지침서가 되어주고 있다.

맛있는 삶의 레시피

이경서 지음 | 값 15,000원

1년 만에 새로이 출간되는 책 『맛있는 삶의 레시피』 - 개정판은, 행복한 삶을 위한 노하우를 에세이 형식의 글에 담아 내놓는다. 어떤 공식에 의거하거나 명쾌하게 떨어지는 답은 아니지만 책을 다 읽은 순간, 암담한 현실을 이겨내게 하는 용기와 행복한 미래를 성취하게 하는 지혜를 독자에게 전한다.

사장이 붙잡는 김팀장

홍석환 지음 | 값 15,000원

책 『사장이 붙잡는 김팀장』은 팀장이 해야 할 7가지의 역할을 통해 존경받는 리더로 우뚝 서야 함을 강조하고 있다. 기업의 성장을 실질적으로 이끄는, 중간 관리자인 팀장이 '어떤 마음가짐을 가져야 하는가? 어떻게 방향을 잡고 조직과 사람을 이끌어야 하는가? 어떻게 실행해야 하는가? 어떻게 자기관리를 해야 하는가?'에 대해 지금까지 필자의 경험을 중심으로 제시하고 있다.

사람은 다 다르고 다 똑같다

민의식 지음 | 값 15,000원

책 『사람은 다 다르고 다 똑같다』는 '소통'을 통해 자신의 행복한 삶을 도모함은 물론 그 주변, 나아가 세상의 행복을 이끄는 방안을 다양한 사례를 통해 제시한다. 다양성과 다름을 인정하고 이를 조화시키고 통합함으로써 가정과 학교, 직장, 사회 그리고 국가 내에서 소통을 도모하는 방안을 역사적, 인문학적 관점으로 풀어나간다.

꽃할배 정우씨!

김정진 지음 | 값 15,000원

책 『꽃할배 정우씨』는 위의 질문에 대한 멋진 답변이 담겨 있다. 노숙자로 전락했던 한 노인이 나이를 무색하게 하는 열정을 통해 현역으로 복귀하는 과정을 생생히 담고 있다. 그 열정이 자신의 삶은 물론이요, 그 주변과 세상을 행복하게 물들이는 장면들은 온기를 넘어 작은 깨달음마저 독자의 마음에 불어넣는다.

시가 있는 아침

이채 외 33인 지음 | 값 15,000원

책 『시가 있는 아침』은 어렵사리 가슴에 담은 믿음 하나로 나름의 구심점과 보람을 찾으려는 다양한 분야의 사람들이 모여, 이를 작품으로 체화한 시 모음집이다. 비록 전문 작가는 아니지만, 정성 들여 써 내려간 작품들을 조심스레 독자들에게 건네고 있다.